A dieta dos 2 dias

DR. MICHAEL MOSLEY e MIMI SPENCER

A dieta dos 2 dias

SEXTANTE

Este livro é uma obra de referência e não um manual médico. As informações nele contidas têm o objetivo de ajudar o leitor a tomar decisões conscientes sobre sua saúde. O propósito desta publicação não é substituir tratamentos nem orientações de profissionais da área médica. Caso você suspeite de que tem um problema de saúde, nós o aconselhamos a consultar um médico. Além disso, busque a orientação desse profissional antes de tomar qualquer medicamento. O autor e a editora não se responsabilizam por quaisquer efeitos colaterais que possam resultar do uso ou da aplicação das informações aqui apresentadas.

Título original: *The Fast Diet*

tradução: Ana Beatriz Rodrigues
preparo de originais: Melissa Lopes Leite
revisão técnica: Virgínia Nascimento, nutricionista clínica e Mestre em educação e saúde
revisão: Gypsi Canetti e Luis Américo Costa
diagramação: Ilustrarte Design e Produção Editorial
capa: Anna Dorfman
imagem de capa: Romas Foord
adaptação de capa: Ana Paula Daudt Brandão
impressão e acabamento: Cromosete Gráfica e Editora Ltda.

CIP-BRASIL. CATALOGAÇÃO NA PUBLICAÇÃO
SINDICATO NACIONAL DOS EDITORES DE LIVROS, RJ

M869d Mosley, Michael, 1957-
A dieta dos 2 dias / Michael Mosley, Mimi Spencer; [tradução Ana Beatriz Rodrigues]; Rio de Janeiro: Sextante, 2013.
200 p.; il.; 14 x 21 cm.

Tradução de: The fast diet
ISBN 978-85-7542-963-1

1. Dietas de emagrecimento – Receitas. 2. Hábitos de saúde. 3. Emagrecimento. 4. Hábitos alimentares. I. Spencer, Mimi, 1967- II. Título.

13-02524 CDD: 613.25
CDU: 613.25

GMT Editores Ltda.
Rua Voluntários da Pátria, 45 – Gr. 1.404 – Botafogo
22270-000 – Rio de Janeiro – RJ
Tel.: (21) 2538-4100 – Fax: (21) 2286-9244
E-mail: atendimento@esextante.com.br
www.sextante.com.br

Para minha esposa, Clare, e meus filhos, Alex, Jack, Daniel e Kate,
que fazem com que valha a pena viver mais.
– M. M.

Para Ned, Lily May e Paul – meu rochedo de Brighton.
E para meus pais, que sempre souberam que comida é amor.
– M. S.

Sumário

Introdução

NAS ÚLTIMAS DÉCADAS, DIVERSOS MODISMOS ALImentares nasceram e morreram, mas os conselhos médicos sobre o que constitui um estilo de vida saudável permaneceram mais ou menos inalterados: opte por uma alimentação pobre em gordura, exercite-se mais e nunca, jamais, pule uma refeição. Durante esse mesmo período, a quantidade de pessoas obesas no mundo só fez aumentar.

Será que existe alguma abordagem diferente sustentada em fatos comprovados? Uma abordagem baseada na ciência, não na opinião? Nós acreditamos que sim: o jejum intermitente.

> Nada que você possa fazer com seu organismo é tão poderoso quanto o jejum.

Quando ouvimos falar dos supostos benefícios do jejum intermitente, nós, como muitos, ficamos céticos. O jejum parecia uma prática radical e difícil – e ambos sabíamos que dietas, de modo geral, estão fadadas ao fracasso. No entanto, depois de termos analisado o método em profundidade, experimentando-o pessoalmente, estamos convencidos de seu impressionante potencial. Como disse um dos médicos especialistas entrevistados para o livro: "Nada que você possa fazer com seu organismo é tão poderoso quanto o jejum."

Jejum: uma ideia antiga, um método moderno

O jejum não é novidade. Como veremos no próximo capítulo, nosso organismo foi projetado para jejuar. Evoluímos numa época em que a comida era escassa; somos o produto de um período de milhares de anos em que abundância e escassez se alternavam. Talvez o que nos leve a reagir tão bem ao jejum intermitente seja o fato de o jejum imitar, com precisão muito maior do que nossas tradicionais três refeições por dia, o ambiente no qual nós, humanos modernos, nos desenvolvemos.

O jejum, é claro, continua sendo uma prática religiosa para muita gente. Os jejuns da Quaresma, do Yom Kippur e do Ramadã são apenas alguns dos exemplos mais conhecidos. Os cristãos ortodoxos gregos são encorajados a jejuar durante 180 dias do ano (segundo São Nicolau de Zicha, "a gula deixa o homem triste e medroso, mas o jejum o torna alegre e corajoso"), ao passo que os monges budistas jejuam na lua nova e na lua cheia de cada mês lunar.

Entretanto, um número muito maior de pessoas come o tempo todo. Raramente sentimos fome. Mesmo assim, estamos insatisfeitos – com nosso peso, nosso corpo e nossa saúde.

O jejum intermitente pode nos colocar em contato novamente com nossa verdadeira natureza. É um caminho não apenas para o emagrecimento, mas também para a saúde e o bem-estar a longo prazo. Os cientistas estão apenas começando a descobrir e provar que o jejum pode ser uma ferramenta poderosa.

Este livro nasceu das investigações de ponta realizadas por esses cientistas e de seu impacto sobre as atuais crenças a respeito de emagrecimento, resistência a doenças e longevidade. Além disso, é resultado de nossas experiências pessoais.

Tanto a esfera do laboratório quanto do estilo de vida são relevantes aqui, por isso estudamos o jejum intermitente a partir de duas perspectivas complementares. Primeiro, o Dr. Michael Mosley, que usou o próprio corpo e sua formação em medicina para testar o potencial do jejum, explica a fundamentação científica do jejum intermitente (JI) e da Dieta dos 2 Dias – para os quais chamou a atenção do mundo em meados de 2012.

Em seguida, Mimi Spencer apresenta um guia prático para quem deseja fazer a dieta de forma segura, eficaz e duradoura, e que pode ser incorporado facilmente ao seu cotidiano. Mimi examina em detalhes o que é o jejum, o que se pode esperar no dia a dia, o que comer e quando comer, oferecendo uma série de dicas e estratégias que podem ajudá-lo a obter os maiores benefícios.

Como você vai ver a seguir, a Dieta dos 2 Dias mudou a nossa vida. Esperamos que ela faça o mesmo por você.

A motivação de Michael – Uma perspectiva masculina

Aos 55 anos, antes de explorar a fundo o jejum intermitente, eu estava um pouco acima do peso: com 1,80 metro de altura, eu pesava quase 85 quilos e tinha um índice de massa corporal de 26, o que me enquadrava na categoria de sobrepeso. Até os 30 anos, eu era magro, mas, como acontece com muitas pessoas, fui engordando gradualmente, cerca de meio quilo por ano. Não parece muita coisa, mas, passadas algumas décadas, isso me incomodava. Percebi que estava começando a me parecer com meu pai, que teve problemas de peso a vida toda e morreu aos 70 e poucos anos de complicações associadas ao diabetes. Em seu enterro, muitos dos seus amigos comentaram que eu estava cada vez mais parecido com ele.

Durante a produção de um documentário para a BBC, por sorte me mandaram fazer uma ressonância magnética. O exame revelou que eu era magro por fora e gordo por dentro. A gordura visceral talvez seja o tipo mais perigoso de gordura, pois se concentra em torno dos órgãos internos e eleva o risco de desenvolvimento de doenças cardíacas e diabetes. Exames de sangue realizados mais tarde revelaram que eu estava caminhando para o diabetes e que meu colesterol estava muito alto. Obviamente, eu teria que tomar alguma providência. Tentei seguir os conselhos-padrão, mas as medidas não surtiram grande efeito. Meu peso e meu perfil sanguíneo estacionaram na zona do "perigo adiante".

Eu nunca havia tentado fazer dieta antes porque nunca encontrara uma em que eu acreditasse. Tinha visto meu pai experimentar várias delas, da dieta de Scarsdale à do Dr. Atkins, passando pela dieta de Cambridge e outras mais. Ele conseguia emagrecer com todas elas, mas, passados alguns meses, recuperava todo o peso perdido, e um pouco mais.

Foi então que, no início de 2012, Aidan Laverty, editor da série de ciência *Horizon*, da BBC, me procurou perguntando se eu gostaria de servir de cobaia para explorar a ciência por trás da longevidade. Eu não sabia ao certo o que iríamos encontrar, mas, junto com a produtora Kate Dart e o pesquisador Roshan Samarasinghe, logo decidimos que a restrição calórica e o jejum seriam áreas bem interessantes para explorarmos.

A restrição calórica é uma medida muito radical; envolve comer muito menos do que se esperaria de uma pessoa normal e fazê-lo todos os dias da sua longa vida. A razão pela qual as pessoas se submetem à restrição calórica é que se trata da única intervenção que comprovadamente prolonga o tempo de vida, pelo menos em animais. Existem no mínimo 10 mil adeptos da dieta CRON (do inglês Calorie Restriction with Optimum Nutrition – restrição calórica com nutrição ideal) ao redor do mundo, e conheci vários deles. Apesar de seu perfil bioquímico quase sempre fantástico, nunca fiquei tentado a me juntar a eles. Não tenho a força de vontade ou o desejo de manter para sempre uma dieta de pouquíssimas calorias.

Por isso, encantei-me ao descobrir o jejum intermitente (JI), que envolve ingerir menos calorias, mas *apenas durante parte do tempo*. Se a ciência estivesse certa, o jejum intermitente ofereceria os benefícios da restrição calórica, mas sem os sacrifícios por ela impostos.

Rodei pelos Estados Unidos e conheci cientistas renomados que compartilharam comigo suas pesquisas e suas ideias. Ficou claro que o jejum intermitente não era um modismo. Mas não seria tão fácil quanto eu havia imaginado no início. Como você verá mais adiante neste livro, há diversos estilos de jejum intermitente. Alguns envolvem não ingerir alimento algum durante 24 horas ou períodos ainda mais longos. Outros implicam fazer uma única refeição diária de baixa caloria dia sim, dia não. Experimentei as duas formas, mas não consegui me imaginar seguindo nenhuma delas com regularidade. Para mim, era difícil demais.

Decidi, assim, criar uma versão modificada e segui-la. Durante cinco dias por semana, eu comeria normalmente; nos outros dois, eu iria consumir um quarto da quantidade de calorias que costumo ingerir (ou seja, 600 calorias).

Dividi as 600 calorias em duas porções – mais ou menos 250 calorias no café da manhã e 350 calorias no jantar –, jejuando efetivamente durante umas 12 horas seguidas. Além disso, resolvi espaçar os dias de jejum da seguinte maneira: eu jejuaria às segundas e às quintas-feiras. Tornei-me meu próprio experimento.

O episódio do programa *Horizon* "Eat, Fast, Live Longer" (Coma, jejue, viva mais), que detalhava minhas aventuras com o que àquela altura estávamos chamando de Dieta dos 2 Dias, foi exibido na BBC durante os Jogos Olímpicos de Londres, em agosto de 2012. Minha expectativa era que o programa se perdesse em meio ao frenesi da mídia em torno das Olimpíadas, mas o que de fato aconteceu foi que ele gerou um frenesi próprio. O episódio teve mais de 2,5 milhões de telespectadores – uma enorme audiência para *Horizon* – e mais centenas de milhares de pessoas assistiram a ele no YouTube. Meu número de seguidores no Twitter triplicou. Todos queriam experimentar minha versão do jejum intermitente e me perguntavam o que deveriam fazer.

Os jornais publicaram matérias sobre o assunto. Surgiram artigos nos britânicos *The Times*, *Daily Telegraph*, *Daily Mail* e *Mail on Sunday*. Não demorou para que periódicos do mundo inteiro – Nova York, Los Angeles, Paris, Madri, Montreal, Islamabad, Nova Délhi – também publicassem matérias sobre o assunto. Foram criados grupos de discussão on-line, houve trocas de cardápios e experiências e começaram a pipocar salas de bate-papo sobre jejum. As pessoas me paravam na rua e me contavam como estavam se saindo na Dieta dos 2 Dias. Outras me enviavam e-mails com detalhes de suas experiências. Entre as mensagens recebidas, um número surpreendentemente alto vinha de médicos. Como eu, de início estavam céticos quanto à abordagem, mas resolveram testar o jejum, descobriram que funcionava e passaram a sugeri-lo a seus pacientes. Eles pediam informações, cardápios, detalhes de pesquisas científicas que pudessem analisar. Queriam que eu escrevesse um livro. Eu adiei, procrastinei, até que encontrei uma colaboradora, Mimi Spencer, de quem eu gostava, em quem confiava e que tinha um profundo conhecimento sobre alimentação. E foi assim que surgiu este livro.

A formação do Dr. Michael

Estudei medicina no Hospital Royal College Free, de Londres. Depois de me formar, ingressei na BBC como trainee de assistente de produção. Nos últimos 25 anos, fiz inúmeros documentários sobre ciências e história para a BBC, primeiro por trás das câmeras e mais recentemente como apresentador. Fui produtor executivo dos programas *QED*; *Trust Me, I'm a Doctor*; e *Superhuman*. Trabalhei com John Cleese, Jeremy Clarkson, o professor Robert Winston, sir David Attenborough e com a professora Alice Roberts. Concebi e produzi muitos programas para a BBC e o Discovery Channel, entre eles: *Pompeia – O último dia*, *Supervolcano* e *Krakatoa: Volcano of Destruction*.

Como apresentador, participei de várias séries para a BBC, inclusive *Medical Mavericks*, *Blood and Guts*, *Inside Michael Mosley*,

Science Story, *The Young Ones*, *Corpo humano* e *The Truth About Exercise*. Estou fazendo atualmente três novas séries, além de ser repórter científico regular do *The One Show*, da BBC.

Ganhei vários prêmios, inclusive o de Jornalista Médico do Ano, concedido pela Associação Médica Britânica.

A motivação de Mimi – Uma perspectiva feminina

Comecei o jejum intermitente no dia em que fiquei encarregada de redigir uma matéria para o *The Times* sobre o programa *Horizon*, do Dr. Michael. Era a primeira vez que eu ouvia falar em jejum intermitente, e a ideia logo me atraiu, mesmo sendo uma alma cética que passou décadas examinando a curiosa acrobacia da indústria da moda, do negócio da beleza e das dietas.

Aos 40 e poucos anos, eu já havia me aventurado nas dietas antes e emagrecera, só para depois desanimar e voltar a engordar tudo de novo. Embora nunca tenha estado acima do peso, há muito tempo tentava encontrar uma maneira de eliminar os relutantes 3, 4 quilos que engordara durante a gravidez e que, por algum motivo, não conseguia perder. As dietas que experimentei foram sempre muito difíceis de seguir, complicadas demais de implementar, enfadonhas, muito elaboradas, pouco variadas e invasivas, sugando o sumo da vida e deixando apenas os restos. Não havia nada que eu considerasse viável adotar e inserir no meu dia a dia – como mãe, profissional e esposa.

Durante anos argumentei que fazer dieta é um jogo tolo, fadado ao fracasso, por conta das restrições e privações impostas a uma vida feliz, mas naquele momento senti que era diferente. Os indícios científicos eram numerosos e convincentes, e a reação da comunidade médica era positiva (o que foi fundamental para mim). Os efeitos, para o Dr. Michael e para outros, eram impressionantes, surpreendentes até. No documentário *Horizon*, Michael chamou o jejum intermitente de "o início de algo grande, que poderia transformar radicalmente a saúde do país". Não consegui resistir. Tampouco consegui encontrar motivos para esperar.

Os indícios científicos eram numerosos e convincentes, e a reação da comunidade médica era positiva (o que foi fundamental para mim).

Nos meses que se passaram desde que a reportagem foi publicada no *Times*, tornei-me adepta do método e continuo a segui-lo. Na verdade, tornei-me sua defensora. Continuo fazendo a Dieta dos 2 Dias, mas quase nem percebo. Comecei pesando 60 quilos. Com 1,70 metro de altura, tinha um IMC de 21,4, ou seja, dentro do limite da normalidade. Hoje, ao escrever este livro, peso 54 quilos e meu IMC é 19,4. Perdi bastante peso. Sinto-me leve, magra e cheia de energia. O jejum hoje faz parte da minha vida semanal, algo que realizo automaticamente, sem me estressar.

Depois de seis meses, sinto-me com mais vigor, minha pele está mais radiante e tenho mais prazer de viver. Além de tudo, estou de guarda-roupa novo e não sinto mais pavor diante da perspectiva de ter que colocar um biquíni. Mas, talvez

Sinto-me leve, magra e cheia de energia.

mais importante, sei que há um ganho a longo prazo. Estou fazendo o melhor para o meu corpo e o meu cérebro. É uma revelação íntima, mas que vale a pena compartilhar.

A formação de Mimi

Escrevo sobre moda, alimentação e boa forma para revistas e jornais britânicos de circulação nacional há 20 anos, entre eles *Vogue, The Guardian, The Observer* e *London Evening Standard,* tendo sido escolhida como a Jornalista de Moda Britânica do Ano em 2000. Hoje, sou colunista da revista *You,* do *Mail on Sunday* e escrevo regularmente para o *The Saturday Times.* Em 2009, escrevi o livro *101 coisas para fazer antes da dieta* expressando meu desânimo com as dietas da moda, que me parecem sempre condenadas ao fracasso. O jejum intermitente é o único programa que descobri em duas décadas em que você emagrece e não volta a engordar. E sabe qual é a melhor parte? Os benefícios para combater o envelhecimento.

A Dieta dos 2 Dias – O potencial, a promessa

Sabemos que, para muitas pessoas, as dietas convencionais simplesmente não funcionam. A Dieta dos 2 Dias é uma alternativa radical. Ela tem o potencial de mudar nossa maneira de pensar sobre alimentação e emagrecimento. Veja por quê:

- A Dieta dos 2 Dias exige que pensemos não apenas sobre *o que* comemos, mas também sobre *quando* comemos.

- Não existem regras complicadas: a estratégia é flexível, fácil de entender e de seguir.
- Não há controle rígido do consumo calórico diário – nem o tédio, a frustração ou a privação contínua que caracterizam as dietas convencionais.
- Sim, envolve jejum, mas não como o conhecemos; você não vai passar fome.
- Você continuará desfrutando dos alimentos de que gosta – na maior parte do tempo.
- Depois de emagrecer, basta manter o programa básico para que você não volte a engordar.
- O emagrecimento é apenas um dos benefícios da Dieta dos 2 Dias. Os verdadeiros bônus são os ganhos potenciais para a saúde a longo prazo: a redução do risco de inúmeras doenças, entre elas diabetes, problemas cardíacos e câncer.
- Logo você entenderá que não se trata de uma dieta. É muito mais do que isso: trata-se de uma estratégia duradoura para uma vida longa e saudável.

A essa altura, você deve estar querendo entender o que nos permite fazer essas afirmações tão contundentes. No próximo capítulo, o Dr. Michael explica os fundamentos científicos que fazem a Dieta dos 2 Dias funcionar com tanta eficácia.

CAPÍTULO 1

A ciência do jejum

PARA A MAIORIA DOS ANIMAIS SELVAGENS, PERÍODOS de escassez alternados com períodos de abundância são a norma. Nossos antepassados remotos não comiam quatro ou cinco vezes por dia com muita frequência. Em vez disso, matavam, empanturravam-se de comida, descansavam e, em seguida, tinham que passar longos períodos sem ter nada para comer. Nosso corpo e nossos genes foram forjados em um ambiente de escassez, pontuado por enormes banquetes ocasionais.

Atualmente, é claro, as coisas são bem diferentes. Comemos o tempo todo. O jejum – a abstenção voluntária de alimentos – é visto como algo um tanto excêntrico, talvez até prejudicial. A maioria das pessoas espera fazer pelo menos três refeições por dia, com lanches substanciais entre elas. Além disso, entre as refeições e os lanches, também beliscamos: um cappuccino aqui, um biscoitinho ali, ou, quem sabe, frutas batidas como vitamina.

Os pais costumavam dizer aos filhos: "Não coma entre as refeições." Mas esse tempo ficou para trás. Pesquisas recentes realizadas nos Estados Unidos, comparando os hábitos alimentares de 28 mil crianças e 36 mil adultos ao longo dos últimos 30 anos, revelaram que o tempo entre o que os pesquisadores descrevem como "ocasiões alimentares" foi reduzido em uma hora em média. Em outras palavras, durante as últimas décadas o tempo que passamos "não comendo" caiu radicalmente.[1] Na década de 1970, os adultos ficavam cerca de quatro horas e meia sem comer, enquanto as crianças passavam umas quatro horas sem comer entre uma refeição e outra. Hoje, esse intervalo caiu para três horas e meia entre os adultos e três horas entre as crianças, sem incluir bebidas e beliscadas.

A ideia de que comer pouco, várias vezes ao longo do dia, é uma "coisa boa" vem sendo propagada, em parte, pelos fabricantes de salgadinhos industrializados e livros de dieta da moda, mas também contou com o apoio da comunidade médica. Os profissionais da saúde alegam que é melhor fazer várias pequenas refeições porque assim é menor a probabilidade de ficarmos com fome e nos enchermos de alimentos ricos em calorias e pobres em valor nutritivo. O argumento é válido, e alguns estudos sugeriram que fazer pequenas refeições frequentes proporciona benefícios à saúde, desde que você não acabe comendo mais. O problema é que, no mundo real, é exatamente isso que acontece.

No estudo que citei anteriormente, os autores descobriram que, em comparação com 30 anos atrás, nós não só comemos cerca de 180 calorias por dia a mais em lanches – a maior parte na forma de bebidas lácteas, vitaminas de frutas e bebidas gasosas – como também comemos mais em nossas refeições usuais, uma média de 120 calorias a mais por dia. Em outras palavras, o hábito de comer mais entre as refeições não parece indicar que comemos menos às refeições; ele apenas abre o apetite.

Hoje, comer durante o dia todo é tão normal, tão esperado, que é quase chocante sugerir que haja valor em fazer o oposto. Quando comecei a jejuar, descobri alguns fatos inesperados sobre mim mesmo, minhas crenças e minhas atitudes com relação aos alimentos, entre eles:

- Percebi que muitas vezes como quando não preciso. Como porque a comida está lá, porque tenho medo de ficar com fome mais tarde ou apenas por hábito.
- Eu acreditava que, quando ficamos com fome, ela só faz aumentar até se tornar intolerável, e aí acabamos devorando um pote de sorvete. No entanto, descobri que essa sensação passa, e, depois de ter sentido fome de verdade, paramos de temê-la.
- Eu achava que o jejum me deixaria distraído, incapaz de me concentrar. Mas descobri que ele aguça meus sentidos e meu cérebro.
- Eu me perguntava se iria me sentir fraco a maior parte do tempo. A verdade é que o organismo é bastante adaptável, e muitos atletas com quem tenho conversado defendem o treino durante o jejum.
- Eu tinha medo de que fosse extremamente difícil. Não é.

Eu achava que o jejum me deixaria distraído, incapaz de me concentrar. Mas descobri que ele aguça meus sentidos e meu cérebro.

Por que comecei

Embora a maior parte das grandes religiões defenda o jejum, sempre presumi que essa prática fosse basicamente uma forma de testar a si mesmo e à sua fé. Eu via os potenciais benefícios espirituais, mas era muito cético quanto aos benefícios físicos.

Além disso, ao longo dos anos vários amigos conscientes em relação ao próprio corpo tentaram me convencer a jejuar, mas nunca consegui aceitar a explicação de que a razão para fazer jejum era "descansar o fígado" ou "eliminar as toxinas". Nenhuma justificativa fazia sentido para um cético com formação em medicina como eu.

Como escrevi na Introdução, o que me convenceu a experimentar o jejum foi uma combinação das minhas circunstâncias pessoais – aos 50 e poucos anos, meu nível de açúcar no sangue estava alto e eu estava um pouco acima do peso – com os novos indícios científicos, que listo a seguir.

O que não mata fortalece

Vários pesquisadores me inspiraram de maneiras diferentes, mas o que mais se destaca entre eles é o Dr. Mark Mattson, do Instituto Nacional sobre Envelhecimento em Bethesda, Maryland. Há alguns anos, ele escreveu um artigo com Edward Calabrese para a revista *NewScientist*. O artigo, intitulado "When a little poison is good for you"[2] (Quando um pouco de veneno faz bem), me fez parar para pensar.

"Um pouco de veneno faz bem" é uma maneira pitoresca de descrever a teoria da hormese – a ideia de que a exposição do ser humano, ou de qualquer outra criatura, a um estresse ou uma toxina pode fortalecê-lo. A hormese é uma explicação biológica bem aceita hoje sobre o funcionamento do organismo no nível celular.

Vejamos, por exemplo, algo simples como a prática de exercícios. Quando você corre ou levanta pesos, o que faz, na realidade, é causar danos aos seus músculos, ocasionando pequeninas lesões. Desde que você não exagere, o organismo reagirá realizando reparos e, nesse processo, deixando seus músculos mais fortes.

O consumo de hortaliças é outro exemplo. Todos sabemos que devemos comer grande quantidade de frutas, legumes e verduras porque são alimentos ricos em antioxidantes – e os antioxidantes são excelentes porque eliminam os perigosos radicais livres que vagam por nosso organismo causando danos.

O problema dessa explicação amplamente aceita do "funcionamento" das hortaliças é que, quase com certeza, está errada ou pelo menos incompleta. Os níveis de antioxidantes dos vegetais são baixos demais para terem os profundos efeitos que de fato têm. Além disso, as tentativas de extrair antioxidantes dos vegetais e administrá-los a nós na forma concentrada como suplementos foram pouco convincentes após a realização de testes de longo prazo. O betacaroteno, quando obtido por meio da cenoura, por exemplo, sem dúvida é benéfico. No entanto, quando o betacaroteno é extraído da cenoura e administrado como suplemento a pacientes com câncer, seus efeitos na realidade parecem ser negativos.

Se analisarmos as hortaliças sob o prisma da hormese, temos uma pista para uma forma completamente diferente na qual elas parecem atuar.

Considere o aparente paradoxo: o sabor amargo costuma ser associado a veneno, a algo que se deve evitar. Os vegetais produzem uma ampla variedade das chamadas substâncias fitoquímicas, algumas das quais atuam como pesticidas naturais, a fim de impedir que os mamíferos se alimentem delas. Seu sabor amargo é um claro sinal de aviso: "Mantenha distância." Portanto, há bons motivos evolutivos pelos quais não deveríamos gostar de alimentos amargos, evitando-os. Entretanto, algumas das hortaliças que nos são particularmente benéficas, como repolho, couve-flor, brócolis e outros membros do gênero *Brassica*, são tão amargas que até os adultos têm dificuldade para se adaptar a seu sabor.

A solução para esse paradoxo é que essas hortaliças são amargas porque contêm substâncias químicas potencialmente venenosas. Tais substâncias não nos prejudicam porque estão presentes nos vegetais em doses baixas, que não são tóxicas. Assim, estimulam respostas ao estresse e ativam genes que protegem e reparam.

Jejum e hormese

Quando começamos a ver o mundo dessa maneira, percebemos que muitas atividades inicialmente consideradas estressantes – ingerir vegetais amargos, correr, aderir ao jejum intermitente – estão longe de ser prejudiciais. O desafio em si parece ser parte do benefício. O fato de a inanição prolongada ser prejudicial não significa que curtos períodos de jejum intermitente causem danos. Na verdade, o inverso é verdadeiro.

Esse argumento me foi apresentado pelo Dr. Valter Longo, diretor do Instituto de Longevidade da Universidade Southern California. Suas pesquisas giram basicamente em torno do estudo das razões pelas quais envelhecemos, concentrando-se em abordagens que reduzem o risco de desenvolver doenças relacionadas à idade, como câncer e diabetes.

Fui procurar Valter não apenas por ele ser um especialista de importância mundial, mas também porque concordou em ser meu mentor no jejum, orientando-me e inspirando-me em minha primeira experiência.

Valter não só estuda o jejum há anos como também o pratica com entusiasmo. Vive sua pesquisa ao pé da letra e se dá muito bem com o tipo de dieta com baixo teor de proteína e rica em hortaliças adotada por seus avós italianos. Talvez não por coincidência, os avós moram numa região da Itália que tem uma concentração extraordinariamente alta de pessoas longevas.

Valter não só segue uma dieta bastante rigorosa como não almoça para não engordar. Além disso, uma vez a cada seis meses faz um jejum prolongado com duração de vários dias. Alto, magro e cheio de energia, ele é uma inspiração para quem deseja adotar o jejum.

A principal razão de seu entusiasmo pelo jejum é que suas pesquisas, e as de outros cientistas, têm demonstrado a incrível gama de vantagens mensuráveis para a saúde obtidas com o jejum. Ficar sem comer, mesmo que por períodos de tempo muito curtos, ativa diversos genes de reparo, que, como ele explicou, podem conferir benefícios a longo prazo. "Há inúmeros indícios iniciais que sugerem que o jejum temporário periódico talvez induza mudanças duradouras que podem ser úteis contra o envelhecimento e as doenças", disse. "Uma pessoa começa o jejum e, depois de 24 horas, há uma revolução em seu organismo. Mesmo que alguém tome um coquetel de drogas muito potentes, nunca vai chegar perto de obter os ganhos que o jejum propicia. A beleza do jejum está no fato de que tudo é coordenado."

> Há inúmeros indícios iniciais que sugerem que o jejum temporário periódico talvez induza mudanças duradouras que podem ser úteis contra o envelhecimento e as doenças.

Jejum e longevidade

Muitos dos primeiros estudos de longo prazo sobre as vantagens do jejum foram realizados com roedores. Esses exames nos proporcionaram insights importantes sobre os mecanismos moleculares envolvidos no jejum.

Em um estudo inicial de 1945, roedores foram submetidos a três tipos de jejum: de um a cada quatro dias, de um a cada três dias e de um a cada dois dias. Os pesquisadores revelaram que os ratos submetidos ao jejum viviam mais tempo do que os do grupo de controle e que quanto mais eles jejuavam, mais tempo viviam. Descobriram também que, ao contrário dos roedores submetidos a dietas permanentes de restrição calórica, os ratos submetidos ao esquema de jejum não ficaram fisicamente atrofiados.[3]

Desde então, numerosos estudos confirmaram, pelo menos nos roedores, o valor do jejum. Mas por que o jejum é benéfico? Qual é o mecanismo por trás disso?

Valter tinha acesso a um grupo de camundongos geneticamente modificados conhecidos como camundongos anões ou de Laron, e estava ansioso para mostrá-los a mim. Esses roedores, embora pequenos, detêm o recorde de extensão da longevidade em mamíferos. Em outras palavras, têm uma vida impressionantemente longa.

Em geral, os camundongos vivem no máximo dois anos. Os camundongos de Laron vivem o dobro disso, muitos por quase quatro anos quando também submetidos a restrições calóricas. Para o ser humano, equivaleria a viver praticamente até os 170 anos.

O mais fascinante sobre os camundongos de Laron não é apenas quanto tempo eles vivem, mas o fato de permanecerem saudáveis durante a maior parte de suas longas vidas. Eles simplesmente não parecem ser propensos a diabetes ou câncer e, quando morrem, em geral é de causas naturais. Valter me disse que, durante uma autópsia, muitas vezes é impossível encontrar a causa da morte. Os camundongos parecem morrer de velhice.

A razão pela qual esses camundongos são tão pequenos e tão longevos é o fato de serem geneticamente modificados para que seu organismo não responda a um hormônio chamado IGF-1, do inglês insulin-like growth factor 1 (fator de crescimento semelhante à insulina 1). O IGF-1 tem efeitos de promoção do crescimento sobre quase todas as células do corpo. Em outras palavras, mantém as células sempre ativas. Precisamos de níveis adequados de IGF-1 e de outros fatores de crescimento quando somos jovens e estamos crescendo, porém níveis maiores mais adiante na vida parecem levar ao envelhecimento acelerado e ao câncer. Como disse Valter, é como dirigir com o pé no acelerador, obrigando o carro a continuar tendo seu desempenho máximo o tempo todo. "Imagine que, em vez de levar o carro à oficina de vez em quando para trocar peças, você continue a usá-lo sem parar. Em algum momento o carro vai apresentar defeitos."

O foco do trabalho de Valter consiste em tentar descobrir como você pode continuar dirigindo seu carro durante o máximo de tempo possível, com a maior rapidez, e ao mesmo tempo aproveitar a vida. Ele acredita que a resposta esteja no jejum periódico. Isso porque uma das maneiras pelas quais o jejum funciona é fazendo o organismo reduzir a quantidade de IGF-1 que produz.

Os indícios de que o IGF-1 desempenha uma função determinante em muitas das doenças que acompanham o envelhecimento vêm não apenas de roedores geneticamente modificados como os camundongos de Laron, mas também de seres humanos. Durante os últimos sete anos, Valter vem estudando aldeões do Equador com um defeito genético chamado síndrome ou nanismo de Laron. Trata-se de uma condição bastante rara que afeta menos de 350 indivíduos no mundo. As pessoas com a síndrome de Laron apresentam uma mutação no receptor do hormônio do crescimento (GHR) e níveis baixíssimos de IGF-1. Os camundongos de Laron geneticamente modificados têm um tipo similar de mutação do GHR.

Os aldeões portadores da síndrome de Laron em geral têm estatura muito baixa: muitos medem menos de 1,20 metro. O mais surpreendente, porém, é que, a exemplo dos camundongos de Laron, eles simplesmente não parecem desenvolver doenças comuns como diabetes e câncer. Na verdade, Valter afirma que, embora venham sendo estudados há muitos anos, jamais encontrou um só caso de portador da síndrome de Laron que tenha morrido de câncer. Entretanto, seus parentes, que vivem na mesma casa mas não têm a síndrome, desenvolvem câncer.

O que decepciona qualquer um que espere que o IGF-1 revele o segredo da imortalidade é que os portadores da síndrome de Laron – ao contrário dos camundongos de Laron – não têm vidas excepcionalmente longas. Eles alcançam idades elevadas, mas nada fora do normal. Valter acredita que um dos motivos disso pode ser o fato de tenderem a aproveitar a vida, sem se preocupar com a maneira como a vivem. "Eles fumam, seguem uma dieta altamente calórica, e me dizem: 'Isso não importa. Sou imune.'"

Valter acredita que eles preferem a ideia de viver como querem e morrer aos 85 anos a viver de forma mais cautelosa e, quem sabe, passar dos 100. Ele gostaria de persuadir alguns deles a adotarem um estilo de vida mais saudável e ver o que acontece, mas sabe que não vai viver tanto assim para ver o resultado.

Jejum e genes de reparo

Além de reduzir os níveis de IGF-1 na circulação, o jejum também parece ativar diversos genes de reparo. O motivo pelo qual isso acontece ainda não foi totalmente esclarecido, mas o argumento evolutivo é mais ou menos o seguinte: desde que tenhamos comida suficiente, nosso corpo se interessa sobretudo por crescer, fazer sexo e reproduzir. A natureza não tem planos de longo prazo para nós, não investe em nossa velhice. Depois de reproduzirmos, nós nos tornamos descartáveis.

Então o que acontece quando você resolve jejuar? A reação inicial do corpo é de choque. São enviados sinais ao cérebro lembrando que você está com fome, estimulando-o a tentar encontrar algo para comer. Mas você resiste. O corpo agora decide que o motivo pelo qual você não está comendo com tanta frequência quanto normalmente faria é que está vivendo uma situação de escassez. No passado, isso teria sido bastante normal.

Numa situação de escassez, não há sentido em gastar energia com crescimento ou sexo. Em vez disso, a coisa mais sábia que o corpo pode fazer é investir seu precioso depósito de energia no reparo, tentando mantê-lo em uma forma razoavelmente boa até que a época da abundância volte. O resultado é que, além de tirar o pé do acelerador, o corpo leva a si mesmo para o equivalente celular da oficina mecânica. Ali, todos os pequenos mecanismos genéticos recebem a ordem de realizar algumas das tarefas de manutenção urgentes que haviam sido adiadas até agora.

Uma das coisas que a restrição calórica faz, por exemplo, é ativar a autofagia.[4] A autofagia, que significa "alimentar-se da própria substância", é um processo por meio do qual o corpo destrói e recicla células velhas e cansadas. Assim como acontece com um carro, é importante livrar-se das peças danificadas ou velhas para manter as coisas funcionando bem.

Valter acredita que a maior parte das pessoas com Índice de Massa Corporal (IMC) acima de 25 se beneficiaria do jejum, mas acha também que, se você estiver pensando em fazê-lo por mais de um dia, deve procurar acompanhamento profissional. "O jejum prolongado é uma intervenção radical. Se for bem-feito, pode ser uma ferramenta poderosíssima a seu favor. Se for feito de forma inadequada, pode ser uma ferramenta poderosíssima contra você", explica. Em um jejum prolongado de vários dias, ocorre também uma queda na pressão arterial e uma reprogramação metabólica relativamente profunda. Algumas pessoas desmaiam. Não é comum, mas acontece.

Uma das áreas de pesquisa de Valter está relacionada aos efeitos do jejum sobre o câncer (veja mais na página 54), que parecem ser otimizados pelo jejum prolongado, e não pelo jejum intermitente. Como ele observou, da primeira vez que você experimenta jejuar por alguns dias, pode ser difícil. "O corpo está acostumado a altos níveis de glicose e de insulina, por isso demora para se adaptar. Mas acaba se revelando menos difícil com o tempo."

Não gostei muito de ouvir sobre essa dificuldade, mas eu sabia que precisava experimentar. Era um desafio, e um desafio que eu acreditava poder vencer. Cérebro contra estômago. Não tinha dúvidas de quem sairia vencedor.

Experimentando o jejum de quatro dias

Não acredito que seja necessário nem desejável fazer um jejum prolongado antes de embarcar na Dieta dos 2 Dias. Embora haja poucos riscos conhecidos em se jejuar durante menos de 24 horas, como expliquei antes, existem, sim, riscos associados ao jejum prolongado. Decidi começar com um jejum de quatro dias porque sabia estar em boas mãos. Meus níveis de IGF-1 foram medidos pouco antes de eu conhecer Valter: eles estavam altos. Não estavam altíssimos, como ele me informou, educadamente, mas no limite superior da faixa (consulte meus dados na página 64).

Altos níveis de IGF-1 estão associados a diversos tipos de câncer, entre eles o de próstata, que vitimou meu pai. Será que um jejum de quatro dias mudaria alguma coisa?

Eu havia sido advertido de que os primeiros dias poderiam ser difíceis, mas depois eu começaria a sentir os efeitos da "inundação" do que Valter chamou de substâncias químicas do bem-estar. Melhor ainda, da próxima vez que eu jejuasse, seria mais fácil, pois meu corpo e meu cérebro se lembrariam da privação e entenderiam o que eu estava passando.

Depois de resolver que queria experimentar o jejum prolongado, minha próxima decisão era o grau de rigidez do jejum. A tradição do jejum existe em vários países. Os russos parecem preferir a forma mais radical. Para eles, o jejum se resume a beber água, tomar banho gelado e praticar exercícios. Os alemães, por outro lado, preferem jejuns mais amenos. Procure uma clínica de jejum na Alemanha e é provável que você tenha acesso a mais ou menos 200 calorias por dia, em um ambiente confortável.

Eu queria ver resultados, por isso optei pelo jejum inglês, que propunha um meio-termo. Eu ingeriria 25 calorias por dia, não tomaria banhos gelados e tentaria trabalhar normalmente.

Assim, numa noite quente de segunda-feira, fiz minha última refeição, um generoso filé com fritas e salada, regados a cerveja. Senti certo nervosismo ao constatar que, nos quatro dias seguintes, eu beberia apenas água, chá preto sem açúcar e café, e tomaria uma miserável xícara (de chá) de sopa de baixa caloria por dia.

Apesar do que me haviam dito e do que eu tinha lido, antes de começar meu jejum eu temia que a fome fosse aumentar sem parar, atormentando-me por dentro até eu finalmente desistir e correr para a primeira lanchonete que encontrasse. As primeiras 24 horas foram bastante difíceis, como Valter tinha previsto, mas, também como ele tinha previsto, as coisas melhoraram em vez de piorarem. Sim, houve momentos de muita fome que, às vezes, me tiraram a concentração, mas, se eu ocupasse minha mente, a fome desaparecia.

Durante as primeiras 24 horas de um jejum ocorrem mudanças muito profundas no organismo. Dentro de algumas horas, a glicose que circula no sangue é consumida. Se ela não estiver sendo reposta pela ingestão de alimentos, o corpo recorre ao glicogênio, uma forma estável de glicose armazenada nos músculos e no fígado.

Só depois que o glicogênio acaba é que o organismo começa, de fato, a queimar gordura. O que realmente acontece é que ácidos graxos são decompostos no fígado, resultando na produção dos chamados corpos cetônicos. Esses corpos cetônicos são então usados pelo cérebro, no lugar da glicose, como fonte de energia.

Os dois primeiros dias de jejum podem causar desconforto porque o corpo e o cérebro estão tendo que deixar de usar glicose e glicogênio como combustível para usar corpos cetônicos. O organismo não está acostumado com eles, por isso você pode ter dor de cabeça. Pode também ter dificuldade de dormir. Eu não tive. O maior problema que experimentei com o jejum é difícil de ser expresso em palavras; em alguns momentos eu simplesmente me senti "pouco à vontade". Não consigo encontrar uma maneira de explicar a sensação com maior precisão. Não me senti fraco, apenas me senti estranho.

Algumas vezes senti muita fome, mas na maior parte do tempo senti-me surpreendentemente alegre. No terceiro dia, os hormônios que promovem bem-estar vieram em meu socorro.

Na sexta-feira, quarto dia, fiquei quase decepcionado com a chegada do final do meu jejum. Quase. Apesar da advertência de Valter de que seria insensato me empanturrar de comida imediatamente depois de quebrar o jejum, preparei um prato de ovos e bacon e me sentei para comer. Depois de algumas garfadas, estava cheio. Não precisei consumir mais nada; na verdade, acabei nem almoçando.

> Durante as primeiras 24 horas de um jejum ocorrem mudanças muito profundas no organismo.

Naquela tarde, voltei a fazer um exame e descobri que tinha perdido 1,4 quilo de peso corporal, do qual uma parte significativa era gordura. Fiquei feliz também ao constatar que meus níveis de glicose sanguínea diminuíram substancialmente e que meus níveis de IGF-1, antes no limiar superior da faixa recomendada, caíram. Na verdade, caíram quase à metade. Eram ótimas notícias. Eu tinha perdido gordura, os resultados dos meus exames estavam bons e havia aprendido que posso controlar minha fome. Valter ficou muito satisfeito com essas mudanças, sobretudo com a queda nos níveis de IGF-1, o que, segundo ele, reduziria de modo significativo meu risco de câncer. Mas ele também me advertiu de que, se eu voltasse ao meu antigo estilo de vida, essas mudanças não seriam permanentes.

As pesquisas de Valter apontam para o fato de que altos níveis de proteína, na quantidade encontrada na dieta ocidental típica, ajudam a manter altos os níveis de IGF-1. Eu sabia que há proteína em alimentos como carnes e peixes, mas fiquei surpreso ao constatar a quantidade de proteína presente no leite. Eu tinha o hábito de tomar um café com leite desnatado pela manhã. Acreditava que, como o leite era desnatado, era um hábito saudável. Infelizmente, embora pobre em gordura, uma xícara (de chá) de café com leite desnatado contém cerca de 11 gramas de proteína. Para adultos de 19 a 75 anos, a ingestão diária recomendada de proteínas é de cerca de 46 gramas para mulheres e 55 gramas para homens. Percebi que deveria repensar o café com leite matinal.

Jejum e emagrecimento

Uma maneira de emagrecer seria fazer um jejum prolongado. Jejuei por quatro dias, como acabo de descrever, principalmente por curiosidade. Não o recomendaria como regime de emagrecimento porque é insustentável. A não ser que o associem a exercícios vigorosos, as pessoas submetidas a jejum prolongado perdem tanto músculo quanto gordura. E, quando param de jejuar (como acabarão tendo que fazer), o risco é que recuperem todo o peso perdido.

Felizmente, o jejum intermitente, menos radical, leva ao emagrecimento contínuo, que parece ser ao mesmo tempo possível de manter e não leva à perda de músculo.

Jejum em dias alternados (JDA)

Uma das formas mais estudadas de jejum de curto prazo é o jejum em dias alternados. Como diz o nome, significa que você não ingere alimento algum, ou ingere muito pouca comida, dia sim, dia não. Um dos poucos pesquisadores a realizarem estudos com seres humanos nessa área é a Dra. Krista Varady, da Universidade de Illinois em Chicago. O plano também vem sendo chamado de jejum modificado em dias alternados (JMDA).

Krista é uma mulher magra, charmosa e muito divertida. Nós nos encontramos em uma tradicional lanchonete americana, onde comi, com culpa, um hambúrguer com batatas fritas enquanto Krista me falava sobre um dos estudos recentes que vinha realizando com voluntários humanos.[5] Nos dias de jejum da dieta de Krista, os homens podem ingerir 600 calorias por dia; as mulheres, 500 calorias. Nesse seu regime, você ingere as calorias todas de uma vez, em geral na hora do almoço. Nos outros dias você pode comer praticamente o que quiser.

O que surpreendeu Krista foi que, embora pudessem comer o que quisessem, as pessoas não exageravam nos dias em que não seguiam o jejum. "Quando comecei a realizar essas experiências, eu imaginava que as pessoas comeriam no dia seguinte o dobro do que comiam normalmente; iam compensar a privação e acabariam não emagrecendo. No entanto, em geral elas comiam por volta de 110% de sua ingestão calórica, um pouco mais do que o habitual. Ainda não medi, mas acredito que tenha a ver com o tamanho do estômago, sua capacidade de se dilatar. Porque comer o dobro da quantidade que você come normalmente na verdade é bem difícil. Com o tempo, é possível; o estômago de obesos acaba aumentando para acomodar a quantidade que comem, chegando às vezes a 5 mil calorias por dia. Mas fazer isso de uma hora para outra não é fácil."

Em seus estudos, solicitava-se aos participantes que aderissem a uma dieta com baixo teor de gordura, mas o que Krista queria saber era se o JDA também funcionaria se os participantes tivessem permissão para comer uma dieta rica em gordura. Assim, ela convocou 33 voluntários obesos, na maioria mulheres, para seguir o JDA durante oito semanas. Antes de começar, os voluntários foram divididos em dois grupos. A um grupo administrou-se uma dieta com baixo teor de gordura composta de queijos e laticínios light, carnes bem magras e grande quantidade de frutas, legumes e verduras. O outro grupo podia comer lasanha, pizza e outros alimentos gordurosos, uma dieta tipicamente americana. (A alimentação dos americanos contém entre 35% e 45% de gordura.)

Como explicou Krista, os resultados foram surpreendentes. Os pesquisadores e os voluntários partiram do pressuposto de que as pessoas na dieta com baixo teor de gordura emagreceriam mais do que as que seguiam a dieta rica em gordura. No entanto, aconteceu exatamente o contrário. Os voluntários que seguiram a dieta rica em gordura emagreceram em média 5,6 quilos, enquanto os da dieta com baixo teor de gordura perderam 4,2 quilos. Os voluntários de ambos os grupos perderam cerca de 7 centímetros de cintura.

Krista acredita que o principal motivo pelo qual isso aconteceu foi o fato de os participantes terem seguido ou não a dieta à risca. Os voluntários que fizeram a dieta rica em gordura estavam mais propensos a segui-la do que os fizeram a dieta com baixo teor de gordura simplesmente porque a consideraram mais palatável. E não foi apenas o emagrecimento que chamou atenção. Os dois grupos apresentaram quedas impressionantes no colesterol LDL (o colesterol ruim) e na pressão arterial. Ou seja: eles tiveram reduzido o risco de doenças cardiovasculares, infarto e derrame.

Krista não quer estimular ninguém a se encher de porcaria. Para ela, seria muito mais recomendável que as pessoas no JDA aumentassem a ingestão de frutas, legumes e verduras. O problema é que, como ela observou, os médicos vêm estimulando os pacientes a adotarem um estilo de vida saudável há décadas, e poucos seguem seus conselhos. Ela acredita que os nutricionistas deveriam levar em consideração o que as pessoas de fato fazem, e não o que gostaríamos que elas fizessem.

Outro benefício significativo do jejum intermitente é que aparentemente não ocorre perda muscular, o que aconteceria em um regime normal de restrição calórica. A própria Krista não sabe ao certo por que isso acontece e quer continuar pesquisando.

O jejum de dois dias

Um dos problemas do JDA é que é preciso fazê-lo dia sim, dia não. Em minha experiência, isso pode ser inconveniente do ponto de vista social e desafiador emocionalmente. Não existe padrão na sua semana e as pessoas que convivem com você terão dificuldade de acompanhar em quais dias você está de jejum e em quais não está.

Diferentemente dos voluntários de Krista, eu não estava muito acima do peso, por isso tinha medo de emagrecer muito e com rapidez. Foi por esse motivo que, depois de ter testado o JDA durante um curto período, decidi reduzir o jejum a dois dias por semana. Voltaremos a isso mais adiante, neste capítulo.

Hoje tenho a minha experiência pessoal para me apoiar (ver página 59), juntamente com as experiências de centenas de outras pessoas que me escreveram nos últimos meses. Mas que pesquisas foram realizadas sobre jejuns de dois dias em seres humanos?

A Dra. Michelle Harvie, médica do Centro Genesis de Prevenção do Câncer de Mama do Hospital Wythenshawe, em Manchester, Inglaterra, realizou inúmeros estudos que avaliam os efeitos do jejum de dois dias em voluntárias. Em um estudo recente, ela dividiu 115 mulheres em três grupos. Pediu a um deles que seguisse uma dieta mediterrânea de 1.500 calorias e que evitasse também alimentos gordurosos e álcool.[6] A outro grupo, pediu que comesse normalmente durante cinco dias por semana, mas nos outros dois dias seguisse uma dieta de 650 calorias com baixo teor de carboidratos. Ao terceiro grupo, pediu que evitasse carboidratos durante dois dias por semana, mas não impôs outras restrições calóricas.

Depois de três meses, as mulheres que faziam as dietas de dois dias haviam perdido em média 4 quilos, quase o dobro do grupo que seguia a dieta de 1.500 calorias, que em média emagreceu apenas 2,4 quilos. A resistência à insulina também melhorou significativamente nos grupos que seguiam a dieta de dois dias (voltaremos a falar em insulina na página 50).

O foco do trabalho de Michelle é tentar reduzir o risco de câncer de mama por meio de intervenções alimentares. Obesidade e altos níveis de resistência à insulina são, ambos, fatores de risco.

No site do Genesis (www.genesisuk.org), ela observa que os cientistas vêm estudando o jejum intermitente no Centro Genesis do Hospital de South Manchester por mais de seis anos e que suas pesquisas mostram que a redução da ingestão de calorias durante dois dias por semana proporciona os mesmos benefícios, talvez até mais, do que uma dieta normal de restrição calórica. "Até hoje, nossas pesquisas concluíram que as dietas intermitentes parecem ser uma abordagem segura, viável e alternativa de emagrecimento e de manutenção do peso, em comparação com as dietas diárias."

Até hoje, nossas pesquisas concluíram que as dietas intermitentes parecem ser uma abordagem segura, viável e alternativa de emagrecimento e de manutenção do peso, em comparação com as dietas diárias.

Será que são apenas as calorias?

Se você ingerir 500 ou 600 calorias dois dias por semana e não compensar significativamente nos outros dias, vai emagrecer de forma contínua.

Mas será que existem indícios de que o jejum intermitente faça mais do que isso? Há pouco tempo encontrei um estudo fascinante que sugere que *quando* você come pode ser tão importante quanto *o que* você come.

No estudo, cientistas do Instituto Salk de Estudos Biológicos alimentaram dois grupos de camundongos com uma dieta rica em gorduras.[7] Todos os camundongos recebiam a mesma quantidade de alimentos; a única diferença era que os de um grupo podiam comer sempre que quisessem, beliscando quando bem entendessem, mais ou menos como fazemos, enquanto os do outro grupo tinham que comer dentro de um período de oito horas. Isso significava que havia outras 16 horas do dia em que, involuntariamente, jejuavam.

Depois de 100 dias, houve algumas diferenças expressivas entre os dois grupos de camundongos. Os camundongos que beliscavam a qualquer hora os alimentos gordurosos desenvolveram altos níveis de colesterol e de glicose sanguínea e apresentaram também danos hepáticos. Os camundongos que haviam sido forçados a jejuar durante 16 horas por dia engordaram muito menos (28% a menos) e sofreram bem menos danos hepáticos, apesar de terem ingerido exatamente a mesma quantidade e qualidade de alimentos. Além disso, apresentaram níveis mais baixos de inflamação crônica, o que sugere que tinham também risco reduzido de diversos distúrbios, entre eles doenças cardíacas, câncer, AVC e Alzheimer.

A explicação dos pesquisadores do Salk para isso é que, durante todo o tempo que estamos comendo, os níveis de insulina se elevam e o organismo fica preso ao modo de armazenamento de gordura (vide discussão sobre insulina na página 50). Somente após algumas horas de jejum é que o organismo consegue desativar os mecanismos de armazenamento de gordura e ativar os mecanismos de queima de gordura. Sendo assim, se você for um camundongo e beliscar continuamente, seu organismo continuará produzindo e armazenando gordura, resultando em obesidade e danos hepáticos.

A essa altura, espero que você esteja tão convencido quanto eu de que o jejum proporciona inúmeros benefícios à saúde, além de ajudar a emagrecer. Eu conhecia algumas dessas alegações antes de realmente me interessar pelo jejum e, embora fosse cético no início, fui convencido pelas evidências.

No entanto, havia uma área de estudo que me surpreendeu por completo: pesquisas que mostram como o jejum pode melhorar o humor e proteger o cérebro da demência e do declínio cognitivo. Isso, para mim, foi algo novo, inesperado e interessante.

No entanto, havia uma área de estudo que me surpreendeu por completo: pesquisas que mostram como o jejum pode melhorar o humor e proteger o cérebro da demência e do declínio cognitivo.

Jejum e o cérebro

O cérebro tem sido descrito como o mais complexo objeto do universo que conhecemos. É o que nos permite construir, escrever poesia, dominar o planeta e até entender a nós mesmos, algo que nenhuma outra criatura conseguiu fazer.

O cérebro é também uma máquina extremamente eficiente na economia de energia – ele realiza todos os complexos processos de raciocínio e garante o correto funcionamento do nosso organismo usando a mesma quantidade de energia que uma lâmpada de 25 watts. O fato de nosso cérebro em geral ser tão flexível e tão adaptável torna ainda mais danosas as situações em que ocorre algum problema. Tenho consciência de que, à medida que envelheço, minha memória se torna mais falível. Consigo compensar esses percalços usando vários truques de memorização que aprendi no decorrer dos anos, mas, mesmo assim, de vez em quando, tenho dificuldade para lembrar nomes e datas. Muito pior do que isso, porém, é o medo de um dia perder totalmente minha capacidade mental, de talvez até desenvolver algum tipo de demência. É óbvio que quero manter meu cérebro na melhor forma possível e pela maior quantidade de tempo possível. Para minha sorte, o jejum parece oferecer proteção significativa contra isso.

Mark Mattson, que chefia o Laboratório de Neurociência do Instituto Nacional sobre o Envelhecimento, em Maryland, é um dos mais respeitados cientistas no estudo do envelhecimento do cérebro. Seu trabalho é inspirador. Ele sugere que o jejum pode ajudar a combater doenças como Alzheimer, demência e perda de memória.

Eu poderia ter pegado um táxi para ir ao seu encontro, mas preferi caminhar. Adoro caminhar. Não só queima calorias como também melhora o humor e pode ajudar a manter a memória. Normalmente, à medida que envelhecemos, nosso cérebro encolhe, mas um estudo revelou que, nas pessoas que caminham com regularidade, o hipocampo, área do cérebro que é essencial para a memória, na verdade, se expande.[8] Em imagens de ressonância magnética, o cérebro de pessoas que fazem caminhadas com regularidade parece, em média, dois anos mais jovem do que o cérebro de pessoas sedentárias.

Mark, que estuda a doença de Alzheimer, viu o pai desenvolver a demência. Ele me disse que, apesar de isso não tê-lo motivado diretamente a seguir essa linha de pesquisa específica – quando ele começou seu trabalho sobre a doença de

Alzheimer, o pai ainda não tinha recebido o diagnóstico –, a situação ajudou a lhe proporcionar insights sobre a doença.

A doença de Alzheimer afeta cerca de 26 milhões de pessoas no mundo, e o problema vai aumentar à medida que a população envelhece. Precisamos muito de novas abordagens, porque a tragédia da doença de Alzheimer e de outras formas de demência consiste no fato de que, uma vez que alguém é diagnosticado, talvez seja possível retardar, mas não impedir, a inevitável deterioração provocada pela doença. É provável que a pessoa piore progressivamente até o ponto de precisar de cuidados constantes por muitos anos. Nos estágios finais da doença, talvez ela não seja sequer capaz de reconhecer seus entes queridos.

Mas o que o jejum pode fazer?

Da mesma forma que fizera Valter Longo, Mark me levou até o laboratório onde estavam seus roedores. Assim como os camundongos de Valter, esses também eram geneticamente modificados, mas, nesse caso, o objetivo era torná-los mais vulneráveis ao Alzheimer. Os camundongos que vi estavam em um labirinto que precisavam percorrer para encontrar comida. Alguns executaram a tarefa com relativa facilidade; outros ficaram desorientados e confusos. Esta tarefa e outras como ela se destinam a revelar sinais de que os camundongos estão desenvolvendo problemas de memória; um camundongo com problemas de memória esquece rapidamente qual parte do labirinto ele já percorreu.

Quando recebem uma alimentação normal, os camundongos geneticamente modificados logo desenvolvem demência. Ao completarem 1 ano, o equivalente à meia-idade nos seres humanos, eles costumam ter problemas óbvios de aprendizado e memória. Os animais que são submetidos ao jejum intermitente, algo que Mark prefere chamar de "restrição intermitente de energia", muitas vezes passam até 20 meses sem qualquer sinal detectável de demência.[9] Na realidade, eles só começam a apresentar deterioração da memória no final da vida. Entre os seres humanos, seria o equivalente à diferença entre desenvolver sinais da doença de Alzheimer aos 50 ou aos 80 anos. Eu sei qual das duas opções eu escolheria.

Quando esses camundongos são colocados em uma típica dieta de "junk food", o processo de deterioração se inicia muito antes do observado nos camundongos alimentados normalmente. "Demos aos camundongos uma alimentação rica em gorduras e em frutose", disse Mark, "e o efeito foi drástico: os problemas de aprendizado e memória nesses animais surgiram muito antes, além de eles apresentarem também acúmulo de substância amiloide e mais dificuldade para encontrar a saída no teste do labirinto."

Em outras palavras, "junk food" os deixou gordos e burros.

Uma das maiores mudanças que ocorreram no cérebro dos camundongos de Mark submetidos ao jejum foi o aumento da produção de uma proteína chamada fator neurotrófico derivado do cérebro (BDNF – do inglês brain-derived neurotrophic factor). Demonstrou-se que o BDNF estimula células-tronco a se tornarem novas células nervosas no hipocampo. Como se sabe, o hipocampo é uma parte do cérebro essencial para o aprendizado e a memória normais.

Mas por que a área do hipocampo aumentaria em resposta ao jejum? Mark explica que, da perspectiva da evolução, isso faz sentido. Afinal, as ocasiões em que precisamos ser inteligentes e ágeis são exatamente aquelas em que não há muita comida à disposição. "Se um animal está em um lugar no qual há escassez de comida, é importante que ele seja capaz de lembrar onde está a comida, onde estão os perigos, os predadores e assim por diante. Acreditamos que, no passado, as pessoas que conseguiam responder à fome com maior habilidade cognitiva tinham uma vantagem de sobrevivência."

Não sabemos ao certo se os seres humanos geram novas células cerebrais em resposta ao jejum; para ter certeza absoluta, os pesquisadores teriam que colocar voluntários em jejum intermitente, depois matá-los e examinar seu cérebro em busca de sinais de um novo crescimento neural. Em vez disso, os pesquisadores estão realizando estudos nos quais os voluntários jejuam e depois se submetem a ressonância magnética, que avalia se o tamanho do hipocampo sofreu alguma alteração ao longo do tempo.

Essas técnicas têm sido usadas em seres humanos para mostrar que a prática regular de exercícios, como caminhada, aumenta o tamanho do hipocampo. Espera-se que estudos semelhantes mostrem que dois dias por semana de jejum intermitente são benéficos para o aprendizado e a memória. Com base em relatos sem comprovação científica e usando uma amostra composta de um só indivíduo, parece funcionar. Antes de começar a Dieta dos 2 Dias, realizei um sofisticado teste de memória on-line. Dois meses depois, repeti o teste, e meu desempenho realmente havia melhorado.

Jejum e humor

Uma das coisas que Valter Longo e outros especialistas me disseram antes de eu iniciar meu jejum de quatro dias foi que seria difícil inicialmente, mas que depois de um tempo eu começaria a me sentir mais alegre, o que de fato aconteceu. Da mesma forma, fiquei surpreso ao descobrir como me senti bem ao fazer o jejum intermitente. Eu esperava ficar cansado e mal-humorado nos dias de jejum, mas não me senti assim. Seria esse humor melhorado apenas um efeito psicológico – os adeptos do jejum intermitente emagrecem e se sentem bem consigo mesmos – ou será que ocorrem também mudanças químicas que influenciam o humor?

De acordo com Mark Mattson, uma das razões pelas quais as pessoas podem considerar o jejum intermitente relativamente fácil de seguir se deve a seus efeitos sobre o fator neurotrófico derivado do cérebro. O BDNF parece não só proteger o cérebro contra os estragos da demência e o declínio mental relacionado à idade como também pode melhorar o humor.

Diversas pesquisas sugerem que o aumento dos níveis de BDNF tem efeito antidepressivo; pelo menos é o que acontece nos roedores. Em um estudo, pesquisadores injetaram BDNF diretamente no cérebro de camundongos e descobriram que isso provocava resultados semelhantes aos do uso repetido de um antidepressivo-padrão.[10] Outro artigo relata que a terapia de eletrochoque, conhecida por sua eficácia contra a depressão grave em pacientes humanos, parece funcionar, pelo menos em parte, porque estimula a produção de níveis mais elevados de BDNF.[11]

Mark Mattson acredita que, após algumas semanas de um regime de jejum de dois dias por semana, os níveis de BDNF começam a subir, suprimindo a ansiedade e melhorando o humor. Ele ainda não dispõe de dados humanos que sustentem totalmente essa alegação, mas está realizando testes em voluntários nos quais, entre outras coisas, sua equipe está coletando amostras regulares de líquido cefalorraquidiano (o fluido que banha o cérebro e a medula espinhal) para medir as mudanças que ocorrem durante jejuns intermitentes. Não é um teste para qualquer um, pois exige a realização de punções lombares regulares, mas, como Mark observou, muitos de seus voluntários já estão demonstrando sinais iniciais de alteração cognitiva, portanto, estão extremamente motivados.

Mark está empenhado em estudar e promover os benefícios do jejum intermitente, pois se preocupa com os prováveis efeitos da atual epidemia de obesidade em nosso cérebro e nossa sociedade como um todo. Além disso, acredita que, se alguém estiver pensando em seguir o jejum intermitente, quanto antes começar, melhor: "Analisando o declínio cognitivo relacionado à idade na doença de Alzheimer, os eventos no cérebro no nível dos neurônios e das moléculas das células nervosas ocorrem muito cedo, provavelmente décadas antes de os indivíduos começarem a apresentar problemas de memória e aprendizado. Por isso é fundamental iniciar regimes alimentares quanto antes, quando a pessoa ainda é jovem ou está na meia-idade, para que desse modo possa retardar o desenvolvimento desses processos no cérebro e viver até os 90 anos com a mente em perfeito funcionamento."

Como Mark, estou convencido de que o cérebro humano se beneficia de curtos períodos de abstenção de alimentos. Essa é uma intrigante área de pesquisa, que está crescendo depressa e que muitos observarão com grande interesse. E, além de melhorar o funcionamento do cérebro, o jejum intermitente também tem efeitos benéficos e mensuráveis em outras partes do corpo – no coração, no perfil sanguíneo e no risco de câncer. É para lá que voltaremos nossa atenção agora.

E, além de melhorar o funcionamento do cérebro, o jejum intermitente também tem efeitos benéficos e mensuráveis em outras partes do corpo – no coração, no perfil sanguíneo e no risco de câncer.

Jejum e bioquímica

Uma das principais razões que me levaram a experimentar o jejum foi que os resultados dos meus exames sugeriam que eu tendia a desenvolver graves problemas no sistema cardiovascular. Nada havia acontecido ainda, mas os sinais de advertência estavam todos ali. Os exames mostravam que meus níveis sanguíneos de LDL (lipoproteína de baixa densidade, o colesterol ruim) eram preocupantemente altos, bem como minha glicemia em jejum.

Para medir a glicemia em jejum é preciso ficar sem comer desde a noite anterior e tirar uma amostra de sangue na manhã seguinte. A faixa normal, desejável, é 70 a 104,4 mg/dl. Meu resultado foi 131,4 mg/dl. Eu ainda não estava diabético, mas minha glicose estava perigosamente alta. Há muitas razões pelas quais se deve fazer o possível para evitar se tornar diabético, entre elas o fato de o diabetes aumentar de forma drástica o risco de ataque cardíaco ou derrame.

A glicemia em jejum é importante por ser um indicador de que pode haver algo errado em nossos níveis de insulina.

Insulina: o hormônio produtor de gordura

Quando comemos, sobretudo quando ingerimos alimentos ricos em carboidratos, os níveis de açúcar no sangue aumentam e o pâncreas, órgão localizado abaixo das costelas, próximo ao rim esquerdo, começa a secretar insulina. A glicose é o principal combustível usado pelas células para gerar energia, mas o corpo não gosta de tê-la circulando em altos níveis no sangue. A função da insulina, um hormônio, é regular os níveis de açúcar no sangue, garantindo que não fiquem nem altos nem baixos demais. Em geral, ela o faz com grande precisão. O problema ocorre quando o pâncreas fica sobrecarregado.

A insulina controla o açúcar; ajuda a extrair glicose do sangue para, em seguida, armazená-la em lugares como o fígado ou os músculos em uma forma estável chamada glicogênio, a ser usada quando e se for necessário. O que é menos conhecido é que a insulina também controla a gordura. Inibe algo conhecido como lipólise, a quebra de gordura corporal armazenada. Ao mesmo tempo, força as células de gordura a captarem e armazenarem a gordura do sangue. Insulina engorda. Em altos níveis, leva ao aumento do armazenamento de gordura; em baixos níveis, leva à queima de gordura.

O problema de ingerir grande quantidade de alimentos e bebidas açucarados, ricos em carboidratos, como fazemos cada vez mais, é que isso demanda a secreção de uma quantidade cada vez maior de insulina para atender à elevação da glicose. Até certo ponto, o pâncreas enfrenta a situação secretando quantidades cada vez maiores de insulina. Isso leva à formação de maiores depósitos de gordura e também aumenta o risco de câncer. Naturalmente, é algo que não pode durar para sempre. Se você continuar a produzir quantidades cada vez maiores de insulina, suas células acabarão se rebelando e se tornando resistentes aos seus efeitos. É um pouco como gritar com seus filhos; você pode continuar adotando essa prática, mas, depois de certo ponto, eles vão deixar de lhe dar ouvidos.

Em algum momento, as células vão parar de reagir à insulina, seus níveis de glicose no sangue ficarão permanentemente elevados e você vai ter se juntado aos 285 milhões de pessoas que têm diabetes tipo 2, um enorme e crescente problema mundial. Nos últimos 20 anos, os números aumentaram quase 10 vezes, e não há nenhum sinal claro de que essa tendência esteja se abrandando.

O diabetes está associado a um risco maior de ataque cardíaco, derrame, impotência, cegueira e amputação de membros decorrente da má circulação. É associado também ao encolhimento do cérebro e à demência. Um quadro nada atraente.

Uma forma de prevenir a espiral descendente que leva ao diabetes é se exercitar mais e ingerir alimentos que não produzam grandes picos de glicose no sangue e que não tenham um efeito tão radical sobre os níveis de insulina. (Voltaremos a esse assunto mais adiante.) Há indícios também de que o jejum intermitente ajude nessa prevenção.

Jejum intermitente e insulina

Em um estudo publicado em 2005, solicitou-se a oito homens jovens e saudáveis que fizessem 20 horas de jejum, dia sim, dia não, durante duas semanas.[12] No dia anterior ao jejum, eles podiam comer até as 22 horas, só voltando a comer às 18 horas do dia seguinte. Pediu-se também que eles fizessem refeições fartas no restante do tempo, a fim de garantir que não perdessem peso.

O objetivo do experimento era testar a chamada hipótese parcimoniosa, a ideia de que, como evoluímos numa época em que a abundância se alternava com a escassez, a melhor maneira de se alimentar seria imitar esse padrão. No final da segunda semana, não se constatou nenhuma mudança no peso ou na composição de gordura corporal dos voluntários, justamente o que os pesquisadores pretendiam. Houve, porém, uma grande mudança na sensibilidade à insulina. Em outras palavras, após apenas duas semanas de jejum intermitente, a mesma quantidade de insulina circulante agora tinha um efeito muito maior na capacidade dos voluntários de armazenar glicose ou decompor gordura.

Os pesquisadores escreveram, radiantes, que "submeter homens saudáveis a ciclos de abundância ou escassez mudou para melhor suas condições metabólicas". Eles também acrescentaram que "até onde sabemos, este foi o primeiro estudo em seres humanos no qual a elevação da ação da insulina na captação de glicose do organismo e na lipólise dos tecidos adiposos foi obtida por meio do jejum intermitente".

> Submeter homens saudáveis a ciclos de abundância ou escassez mudou para melhor suas condições metabólicas.

Não sei qual foi o impacto do jejum intermitente sobre minha sensibilidade à insulina – é um exame extremamente caro e difícil de fazer –, mas o que sei é que os efeitos nos meus níveis de açúcar no sangue foram espetaculares. Antes de iniciar o jejum intermitente, meu nível de glicose era de 131,4 mg/dl, bem acima da faixa aceitável, de 70 a 104,4 mg/dl. Na última vez que medi minha glicemia em jejum, ela havia caído para 90 mg/dl, ainda um pouco alta, mas dentro da faixa de normalidade.

Foi uma resposta impressionante. Meu médico, que estava prestes a me prescrever remédios, ficou surpreso com tamanha reviravolta. Os médicos costumam recomendar uma dieta saudável para pacientes com glicemia alta, mas em geral a medida produz uma diferença pouco significativa. O jejum intermitente, por sua vez, poderia ter um efeito revolucionário na saúde da população.

Jejum e câncer

Meu pai era uma pessoa maravilhosa, mas não particularmente saudável. Tendo passado grande parte da vida com sobrepeso, quando chegou aos 60 e poucos anos ele havia desenvolvido não apenas diabetes, mas também câncer de próstata. Passou por uma cirurgia para remoção do câncer que deixou, como sequela, constrangedores problemas urinários. Por motivos óbvios, não estou nem um pouco interessado em seguir esse mesmo caminho.

Meu jejum de quatro dias, sob a supervisão do Dr. Valter Longo, tinha me mostrado que era possível reduzir drasticamente meus níveis de IGF-1 (fator de crescimento semelhante à insulina 1) e, ao fazê-lo, diminuir também meu risco de câncer de próstata. Mais tarde descobri que, aderindo ao jejum intermitente e sendo um pouco mais cuidadoso com a ingestão de proteína, eu poderia manter meu IGF-1 em níveis saudáveis. Vale a pena explorar um pouco mais a ligação entre crescimento, jejum e câncer.

As células do nosso corpo se multiplicam o tempo todo, substituindo o tecido morto, gasto ou danificado. Enquanto o crescimento celular está sob controle, não há nada de errado com isso, mas às vezes uma célula sofre mutação, cresce de maneira incontrolável e se transforma em um câncer. Níveis muito elevados de um estimulante celular como o IGF-1 no sangue podem aumentar a chance de isso acontecer.

Quando o câncer se instala, as opções usuais são cirurgia, quimioterapia ou radioterapia. A cirurgia é usada para tentar remover o tumor; a quimioterapia e a radioterapia são indicadas para tentar "envenená-lo". O grande problema da quimioterapia e da radioterapia é que elas não são seletivas; além de destruírem células tumorais, destroem ou danificam as células saudáveis que se encontram ao redor. Esses procedimentos costumam atacar células que se dividem rapidamente, como as raízes do cabelo, e é por isso que o cabelo muitas vezes cai depois do tratamento.

Como mencionei acima, Valter Longo demonstrou que quando somos privados de comida, mesmo por períodos curtos, nosso corpo reage reduzindo o ritmo das atividades, entrando em modo de reparo e sobrevivência até que a comida volte a ser abundante. Isso se aplica às células normais. Mas as células cancerosas têm regras próprias. Elas não estão sob controle e proliferam-se egoisticamente, quaisquer que sejam as circunstâncias. Esse "egoísmo" cria uma oportunidade. Pelo menos na teoria, se você jejua pouco antes da quimioterapia, cria uma situação na qual suas células normais entram em hibernação, enquanto as células cancerosas estão em plena atividade e ficam, portanto, mais vulneráveis.

Em um artigo publicado em 2008, Valter e colegas mostraram que o jejum "protege as células normais, mas não as células cancerosas, contra a quimioterapia em altas doses".[13] Depois, provaram que o jejum aumentou a eficácia das drogas quimioterápicas usadas no combate a diversos tipos de câncer.[14] Mais uma vez, o estudo foi feito em camundongos. Mas as implicações do trabalho de Valter não passaram despercebidas aos olhos de uma antenada juíza administrativa chamada Nora Quinn, que leu um pequeno artigo sobre o assunto no *Los Angeles Times*.

Encontrei-me com Nora em Los Angeles para ouvir sua história. Nora percebeu que tinha alguma coisa errada quando, certa manhã, pôs a mão no seio e sentiu um caroço do tamanho de uma noz sob a pele. Depois de embarcar na fantasia, como ela mesma disse, de que era um cisto, resolveu procurar o médico; o nódulo foi removido e enviado a um patologista.

Quando saiu o resultado da biópsia, ela ficou sabendo que se tratava de um invasivo câncer de mama. Nora fez o primeiro ciclo de radioterapia e estava prestes a iniciar a quimioterapia quando leu sobre o trabalho de Valter com os camundongos.

Ela entrou em contato com Valter, mas ele não a aconselhou a fazer o jejum porque, até aquele momento, nenhum dos experimentos que ele havia realizado tinha sido feito com seres humanos. Ele não sabia se o jejum era seguro para uma pessoa que em breve se submeteria à quimioterapia, e certamente não estimularia pessoas como Nora a se arriscarem.

Determinada, Nora fez suas pesquisas e decidiu tentar jejuar durante sete dias e meio, antes, durante e após o primeiro ciclo de quimioterapia. Depois de eu ter experimentado o grau de dificuldade de um jejum de quatro dias, estando totalmente saudável, fico surpreso por Nora ter conseguido levá-lo adiante, embora ela diga que não foi tão difícil assim. Os resultados foram mistos.

"Depois da primeira quimio, não me senti tão mal quanto esperava, mas meu cabelo caiu, o que para mim foi um sinal de que o jejum não estava adiantando." Assim, no ciclo seguinte ela resolveu não jejuar, e sentiu-se apenas medianamente mal. "Pensei: sete dias e meio de jejum para não ficar medianamente mal não é uma troca tão benéfica assim. Da próxima vez, não vou fazer jejum algum." Assim, quando chegou a hora do terceiro ciclo de quimioterapia, ela não jejuou. Hoje, ela vê que isso foi um erro. "Eu me senti péssima. Não tenho nem palavras para descrever. Fiquei fraca, enjoada, não conseguia me levantar da cama. Foi horrível."

As células que revestem o intestino, como as da raiz dos cabelos, crescem rápido porque precisam ser repostas constantemente. A quimioterapia pode matar essas células, uma das razões pelas quais tende a fazer as pessoas se sentirem muito mal.

Quando teve que passar pelo quarto ciclo de quimioterapia, Nora decidiu experimentar mais uma vez o jejum. Dessa vez as coisas correram muito melhor e ela teve uma boa recuperação. Atualmente, está livre do câncer.

Nora está convencida de que se beneficiou do jejum, mas é difícil ter certeza porque ela não participou de uma avaliação médica adequada. Valter e seus colegas da Universidade Southern California, no entanto, estudaram o que aconteceu com ela e outros 10 pacientes de câncer que também decidiram jejuar.[15] Todos eles relataram menor incidência de sintomas e sintomas menos graves após a quimioterapia, e a maioria, inclusive Nora, viu melhorias nos resultados dos exames de sangue. Os glóbulos brancos e as plaquetas, por exemplo, recuperaram-se mais rapidamente quando esses pacientes fizeram jejum durante a quimioterapia do que quando não o fizeram.

Mas por que Nora decidiu se arriscar por conta própria? Por que não jejuou sob supervisão adequada? Ela justifica: "Decidi jejuar com base em anos de informações obtidas com testes realizados em animais. Concordo que, para fazer loucuras como as que fiz, deve-se buscar supervisão médica. Mas nenhum dos meus médicos me daria ouvidos."

O autoexperimento de Nora poderia ter dado errado, um dos motivos pelos quais sua atitude não é recomendada. Sua experiência, porém, aliada à dos outros 10 pacientes de câncer, ajudou a inspirar novos estudos. Por exemplo, Valter e seus colegas concluíram recentemente a primeira fase de um ensaio clínico para avaliar se o jejum na época da quimioterapia é seguro – o que parece ser. A próxima fase é analisar se faz uma diferença significativa. Pelo menos 10 outros hospitais em todo o mundo estão realizando ou concordaram em realizar ensaios clínicos.

Prevenir é melhor que remediar

O jejum, prolongado ou intermitente, reduz os níveis de IGF-1 e, portanto, o risco de vários tipos de câncer. Mas que outros indícios existem de que o jejum intermitente diminui o risco de câncer? Como mencionei antes, a Dra. Michelle Harvie, do Centro Genesis de Prevenção do Câncer de Mama, trabalha há algum tempo nessa área.

O jejum, prolongado ou intermitente, reduz os níveis de IGF-1 e, portanto, o risco de vários tipos de câncer.

Um de seus estudos mais recentes analisou se o jejum intermitente pode reduzir o risco de uma mulher desenvolver câncer de mama.[16] Nesse estudo, ela dividiu 107 voluntárias em dois grupos. Um grupo foi solicitado a seguir uma dieta mediterrânea saudável, mas restrita a cerca de 1.500 calorias por dia. O outro grupo foi solicitado a consumir aproximadamente o mesmo número de calorias por semana, mas de maneira diferente. Dois dias por semana, os membros desse outro grupo tinham que ingerir apenas 650 calorias por dia. Depois de seis meses, aquelas que seguiram o jejum intermitente tinham emagrecido mais, uma média de 5,8 a 6,5 quilos, seus níveis de insulina em jejum e sua resistência à insulina tinham caído mais e os níveis de proteína inflamatória, avaliada no exame de sangue como proteína C-reativa (PCR), também apresentaram redução significativa. Todos os três indicadores sugerem um risco de câncer de mama reduzido.

A Dra. Michelle também acredita que, do ponto de vista da prevenção do câncer, a vantagem do jejum intermitente em relação ao emagrecimento convencional é reduzir a quantidade de açúcar que chega às células da mama, o que pode significar que elas se dividem menos frequentemente e são menos propensas a se tornar cancerosas.

Jejum intermitente – Minha jornada pessoal

Como você já leu, comecei experimentando o jejum de quatro dias sob a supervisão do Dr. Valter Longo. Mas apesar da melhora apresentada no meu exame de sangue e de seu entusiasmo evidente, eu não me via fazendo jejuns prolongados regularmente pelo resto da vida. O que eu faria, então? Após conhecer a Dra. Krista Varady e aprender tudo sobre o JDA (jejum em dias alternados), resolvi experimentá-lo.

Depois de pouquíssimo tempo, porém, percebi que era muito difícil dos pontos de vista físico, social e psicológico. Preciso ter algum padrão na vida, e não poder marcar um jantar com amigos em uma noite especial sem precisar recorrer a um calendário ou fazer longos cálculos era cansativo. Além disso, para mim, jejuar dia sim, dia não era difícil demais. Muitos dos voluntários de Krista conseguem manter o jejum, mas eles estão em uma situação experimental e altamente motivados. Sem dúvida é uma maneira eficaz de emagrecer depressa e conseguir excelentes mudanças bioquímicas, mas não servia para mim.

Decidi então tentar ingerir 600 calorias em um dia de jejum, duas vezes por semana. Pareceu-me ser um meio-termo razoável e, mais importante, praticável.

Experimentei comer tudo em uma só refeição, mas descobri que, se não tomasse o café da manhã, começava a sentir fome e ficava irritado muito antes da hora do almoço. Dividi as calorias em duas refeições: tomava um café da manhã moderado, pulava o almoço e comia um jantar leve. Resolvi também fazer isso duas vezes por semana. Ficou extremamente factível para mim.

Depois de testar diferentes versões do jejum, descobri que a abordagem do jejum em dois dias alternados era mais eficaz e mais prática para que eu obtivesse os benefícios do jejum e, ao mesmo tempo, mantivesse meu compromisso duradouro com um plano alimentar. A Dieta dos 2 Dias se baseia em várias modalidades diferentes de jejum intermitente; não se restringe a apenas uma pesquisa, mas é uma síntese de várias.

Verifique o seu peso

A primeira coisa que você deve fazer, e também a mais óbvia, é se pesar. Inicialmente, é melhor fazer isso na mesma hora todo dia. Como se sabe, a melhor hora para se pesar é pela manhã, ao acordar.

Gordura corporal

O ideal é adquirir uma balança que meça o percentual de gordura corporal, além do peso, uma vez que seu verdadeiro objetivo é a queda dos níveis de gordura corporal. Os equipamentos mais baratos não são muito confiáveis: tendem a subestimar o verdadeiro valor, dando-lhe uma falsa sensação de segurança. No entanto, são capazes de medir a mudança. Em outras palavras, poderiam lhe dizer que, ao iniciar o programa, você tem 30% de gordura corporal quando na verdade tem 33%. Mas podem servir de parâmetro para as mudanças quando os percentuais começarem a cair.

A gordura corporal é medida sob a forma de um percentual do peso total. Os equipamentos geralmente fazem a medição por meio de um sistema chamado impedância. Uma pequena corrente elétrica percorre seu corpo e o equipamento mede a resistência. Sua estimativa baseia-se no fato de músculos e outros tecidos serem condutores melhores de eletricidade do que a gordura. As mulheres tendem a apresentar maior quantidade de gordura corporal do que os homens. Um homem com um percentual de gordura corporal de mais de 25% seria considerado acima do peso. No caso da mulher, esse percentual seria de 30%.

A única maneira de obter uma leitura verdadeiramente precisa é com um equipamento chamado scanner DXA (antes DEXA), do inglês dual energy X-ray absorptiometry, ou absorciometria por duplo feixe de raios X. É caro e, no caso da maior parte das pessoas, desnecessário.

Calcule seu IMC

Seu índice de massa corporal (IMC) lhe dirá se você está acima do peso. Vários sites na internet calculam o IMC e explicam o que o resultado significa. Uma crítica ao cálculo do IMC é que uma pessoa muito musculosa pode ter um IMC alto. Infelizmente, porém, não é o que acontece com a maior parte das pessoas.

Meça sua cintura

O IMC é útil, mas pode não ser o melhor indicador da sua saúde no futuro. Em um estudo realizado com mais de 45 mil mulheres que foram monitoradas durante 16 anos,[17] a proporção entre a circunferência da cintura e a altura foi um excelente indicador de quem iria desenvolver doença cardíaca.

A razão pela qual a circunferência da cintura constitui um dado tão importante a ser avaliado é que o pior tipo de gordura é a gordura visceral, que se acumula no abdômen. Esse é o tipo de distribuição mais perigoso, porque provoca inflamação e aumenta o risco de a pessoa desenvolver diabetes. Você não precisa de um equipamento sofisticado para saber se tem gordura visceral. Basta usar uma fita métrica. É simples: seja você homem ou mulher, a circunferência da cintura deve corresponder à metade da sua altura. A maneira correta de medir é posicionar a fita métrica na altura do umbigo.

Exames de sangue

Em uma consulta de rotina, peça a seu médico que solicite os exames básicos a seguir.

Glicemia em jejum

A verificação da glicemia em jejum é uma medida importante de boa forma física mesmo que você não esteja correndo risco de desenvolver diabetes, além de ser um indicador da saúde no futuro. Estudos mostram que até níveis moderadamente elevados de glicose sanguínea estão associados a um maior risco de doença cardíaca, derrame e problemas cognitivos a longo prazo. O ideal seria medir também a sua sensibilidade à insulina, mas esse exame é complexo e caro.

Colesterol

Os exames de colesterol medem as taxas de dois tipos de colesterol no sangue: o LDL (do inglês low-density lipoprotein, lipoproteína de baixa densidade) e o HDL (do inglês high-density lipoprotein, lipoproteína de alta densidade). De modo geral, o LDL leva o colesterol para a parede arterial, onde se formam as placas de gordura, ao passo que o HDL o retira de lá. O bom é ter níveis baixos de LDL e níveis altos de HDL.

Triglicerídeos

Os triglicerídeos são um tipo de gordura encontrada no sangue; constituem uma das maneiras pelas quais o corpo armazena calorias. Altos níveis de triglicerídeos estão associados a um risco maior de doença cardíaca.

IGF-1

É uma medida da renovação celular e, portanto, do risco de câncer. Pode ser também um marcador do envelhecimento biológico. Eu queria ver os efeitos do jejum da Dieta dos 2 Dias nos meus níveis de IGF-1. Descobrira que os níveis de IGF-1 caíram drasticamente em resposta a um jejum de quatro dias, mas depois de um mês de alimentação normal eles voltaram para onde tinham estado antes.

Meus dados

Aqui estão os resultados das minhas medidas físicas antes de iniciar a Dieta dos 2 Dias.

	EU	RECOMENDADO
ALTURA	1,80m	
PESO	85kg	
ÍNDICE DE MASSA CORPORAL	26,4	19 a 25
PERCENTUAL DE GORDURA CORPORAL	28%	Menos de 25% para homens
CIRCUNFERÊNCIA DA CINTURA	91cm	Menos de metade da altura
CIRCUNFERÊNCIA DO PESCOÇO	43cm	Menos de 42cm

Eu não estava obeso, mas meu IMC e meu percentual de gordura corporal me diziam que eu estava acima do peso. Depois de fazer uma ressonância magnética, soube que grande parte da minha gordura se acumulava internamente, envolvendo em espessas camadas o fígado e os rins, atrapalhando todos os tipos de caminhos metabólicos.

Mas a gordura certamente não estava toda dentro do meu abdômen. Grande parte se acumulara em volta do meu pescoço. Isso significava que eu estava roncando. Alto. A circunferência do pescoço é um poderoso indicador[18] da possibilidade de uma pessoa roncar ou não. Homens com mais de 42 centímetros de circunferência de pescoço e mulheres com mais de 41 estão na zona de perigo.

	MEUS RESULTADOS EM MG/DL	RECOMENDADO
RISCO DE DIABETES		
GLICEMIA EM JEJUM	131,4	70-104,4 mg/dl
FATORES PARA DOENÇAS CARDÍACAS		
TRIGLICERÍDEOS	124	Menos de 204 mg/dl
COLESTEROL HDL	70	35-60 mg/dl
COLESTEROL LDL	213	Até 117 mg/dl
RISCO DE DOENÇA CARDÍACA		
HDL % DO TOTAL	23%	Acima de 20%
RISCO DE CÂNCER		
SOMATOMEDINA C (IGF-1)	28,6nmol/l	11,3–30,9nmol/l

Segundo esses dados, minha glicemia em jejum estava preocupantemente alta. Eu ainda não estava diabético, mas tinha sinais do que se conhece como tolerância reduzida à glicose, ou pré-diabetes. Meu LDL estava alto demais, mas até certo ponto eu estava protegido, pois meus níveis de triglicerídeos estavam baixos e meu HDL, elevado. O quadro geral, porém, não era bom.

Meus níveis de IGF-1 também estavam altos, sugerindo, como eu já havia comentado, rápida renovação celular e risco aumentado de câncer.

Depois de três meses seguindo a Dieta dos 2 Dias, houve algumas mudanças notáveis, como você verá nas tabelas a seguir.

	EU	RECOMENDADO
ALTURA	1,80m	
PESO	76kg	
ÍNDICE DE MASSA CORPORAL	24	19 a 25
PERCENTUAL DE GORDURA CORPORAL	21%	Menos de 25% para homens
CIRCUNFERÊNCIA DA CINTURA	84cm	Menos de metade da altura
CIRCUNFERÊNCIA DO PESCOÇO	41cm	Menos de 42cm

Eu tinha perdido 9 quilos e meu IMC e meu percentual de gordura corporal tornaram-se respeitáveis. Tive que comprar cintos e calças de tamanhos menores. Um paletó que eu não vestia havia 10 anos voltou a caber em mim. Além disso, eu também havia parado de roncar, para alegria da minha esposa e também dos vizinhos. Melhor ainda, os resultados dos meus exames de sangue haviam melhorado radicalmente.

Eu tinha perdido 9 quilos e meu IMC e meu percentual de gordura corporal tornaram-se respeitáveis.

	MEUS RESULTADOS EM MG/DL	RECOMENDADO
RISCO DE DIABETES		
GLICEMIA EM JEJUM	90	70-104,4
FATORES PARA DOENÇAS CARDÍACAS		
TRIGLICERÍDEOS	54	Menos de 204
COLESTEROL HDL	82	35-60

COLESTEROL LDL	140	Até 117
RISCO DE DOENÇA CARDÍACA		
HDL % DO TOTAL	37%	Acima de 20%
RISCO DE CÂNCER		
SOMATOMEDINA-C (IGF-1)	15,9 nmol/l	11,3–30,9 nmol/l

Minha mulher, Clare, que é médica, ficou impressionada. Ela vê regularmente pacientes com excesso de peso que apresentam exames de sangue como os meus e disse que nenhuma das orientações que lhes oferece teve efeitos semelhantes.

Para mim, as mudanças particularmente agradáveis ocorreram na minha glicemia em jejum e na enorme queda nos meus níveis de IGF-1, que correspondem às mudanças que eu percebera depois de fazer o jejum de quatro dias.

Clare, entretanto, acreditava que eu estava emagrecendo rápido demais e que devia ir com calma. Por isso decidi adotar uma dose de jejum para manutenção, ou seja, apenas um dia por semana. Além disso, a não ser nos fins de semana, férias ou ocasiões especiais, costumo também pular o almoço.

Meu peso se manteve estável em 76 quilos e meus marcadores sanguíneos continuam em boa forma. Acredito, porém, que possa melhorar ainda mais e em breve retornarei ao esquema de jejum de dois dias por semana.

Qual é a melhor forma de seguir o jejum intermitente?

Vamos recapitular o que aprendemos até aqui. A razão para o jejum intermitente – ou seja, uma redução breve mas severa da quantidade de calorias consumidas – é que, ao fazê-lo, "enganamos" nosso organismo, levando-o a pensar que estamos numa situação de fome em potencial e precisamos deixar o modo acelerado e passar para o modo de manutenção.

O organismo reage ao jejum dessa maneira porque evoluímos numa época em que a norma era a escassez se alternar com a abundância. Nosso corpo foi projetado para reagir a tensões e choques; eles o tornam mais saudável, mais resistente. O termo científico para isso é hormese – o que não mata fortalece.

Entre os benefícios do jejum, estão:

- emagrecimento;
- redução dos níveis de IGF-1, o que significa reduzir o risco de diversas doenças relacionadas à idade, como câncer;
- ativação de inúmeros genes de reparo em resposta a esse estressor;
- uma chance de oferecer descanso ao pâncreas, o que aumenta a eficácia da insulina produzida em resposta à glicose sanguínea elevada. O aumento da sensibilidade à insulina reduz o risco de obesidade, diabetes, doenças cardíacas e declínio cognitivo;
- melhora geral do humor e sensação de bem-estar. Isso pode ser consequência da produção, pelo cérebro, de níveis mais elevados do fator neurotrófico, que o deixa mais alegre e, por sua vez, torna o jejum mais fácil de praticar.

Agora chega de ciência. No próximo capítulo, discutiremos o que comer e como se tornar um adepto do jejum intermitente. Ou seja: como colocar a teoria em prática.

CAPÍTULO 2

A Dieta dos 2 Dias na prática

COMO VIMOS NO CAPÍTULO ANTERIOR, TEMOS BONS motivos clínicos para iniciar o jejum intermitente. Alguns, como o efeito positivo sobre marcadores sanguíneos, ficarão logo evidentes; outros vão se manifestar ao longo do tempo – a melhora cognitiva, o autorreparo da fisiologia, maior chance de ter uma vida mais longa. Mas talvez o argumento mais convincente para muitos seja a promessa de emagrecimento rápido e duradouro, aliada à possibilidade de ingerir os alimentos que você comeria normalmente, na maior parte do tempo. Talvez para você isso seja uma consequência a mais, associada a outros benefícios à saúde propiciados pelo plano. Mas pode ser também seu objetivo principal. A verdade é que a Dieta dos 2 Dias lhe oferecerá as duas coisas: emagrecer e ter mais saúde, dois lados da mesma moeda.

A experiência de Michael, descrita em pormenores no capítulo anterior, deve ter lhe dado uma boa ideia do que você pode esperar. Este capítulo vai revelar vários outros detalhes: explicará como começar, quais serão os efeitos iniciais, como continuar e como incorporar os princípios fundamentais da Dieta dos 2 Dias ao seu ritmo de vida. Daí para a frente é com você.

Como ingerir apenas 500/600 calorias em um dia

Cortar as calorias a um quarto de sua ingestão diária habitual é um feito e tanto, portanto, não se surpreenda se o seu primeiro dia de jejum lhe parecer uma tortura. À medida que for progredindo, os jejuns passarão a se tornar um hábito e a sensação inicial de privação diminuirá, principalmente se você lembrar que amanhã é outro dia – na verdade, outro dia em que você vai poder comer o que quiser.

Entretanto, reduzir a ingestão calórica diária a 500 ou 600 calorias não é brincadeira. Uma porção grande de café com leite pode conter umas 300 calorias (mais até se você insistir em acrescentar creme), ao passo que uma mordida daquele sanduíche que você está acostumado a comer na hora do almoço pode facilmente valer como sua porção de calorias para o dia inteiro. Portanto, saiba usar as calorias que vai ingerir. Gaste-as com sabedoria – os cardápios apresentados a partir da página 127 serão úteis. Também vale a pena ter uma ideia clara dos seus alimentos preferidos para os dias de jejum. Lembre-se de incorporar variedade ao cardápio: diferentes texturas, sabores e cores. Juntos, eles manterão sua boca ocupada e facilitarão todo o processo.

Quando jejuar

Estudos realizados com animais, estudos com seres humanos, pesquisas e experimentos – como demonstramos no capítulo anterior, os indícios a favor do valor do jejum são fortes. Mas o que acontece quando saímos do laboratório e entramos na vida real? Quando e o que você come durante o jejum são essenciais para o sucesso da dieta. Então, qual é o padrão ideal?

Michael testou vários regimes diferentes de jejum e se decidiu por um que lhe pareceu mais sustentável: o jejum em dois dias não consecutivos por semana, permitindo 600 calorias por dia, divididas entre o café da manhã e o jantar. Esse padrão vem sendo chamado, por motivos óbvios, de Dieta dos 2 Dias – dois dias de jejum, cinco dias livres, o que significa que, na maior parte dos dias, você não precisa contar calorias. Nos dias de jejum, ele normalmente toma café com a família, por volta das sete e meia da manhã, e esforça-se para jantar com eles às sete e meia da noite, sem comer nada entre uma refeição e outra. Assim, passa dois períodos de doze horas em jejum e ainda consegue fazer duas refeições em família.

As sugestões de cardápio apresentadas a partir da página 127 se baseiam nesse padrão, pois, em sua experiência, este é o método mais simples e direto para seguir o jejum intermitente.

Mimi, como ela própria descreve mais adiante neste capítulo, descobriu que o que funciona melhor para ela é um padrão ligeiramente diferente. Aderindo ao princípio central da Dieta dos 2 Dias, ela ingere 500 calorias – mas sob a forma de duas refeições intercaladas com pequenos lanches (uma maçã, cenoura crua cortada em palitos) porque, para ela, o intervalo entre o café da manhã e o jantar é longo demais. Há indícios, obtidos em testes realizados pela Dra. Michelle Harvie[1] e outros, de que essa abordagem ajuda a emagrecer, reduzir o risco de câncer de mama e aumentar a sensibilidade à insulina.

Qual é a melhor abordagem? A essa altura, considerando-se que a ciência do jejum intermitente está apenas começando a engatinhar, ainda não sabemos. Por motivos puramente teóricos, um período mais longo sem alimento (o padrão de Michael) deveria gerar melhores resultados do que a ingestão de quantidades menores com mais frequência. Pelo que sabemos, não existem estudos comparando os benefícios à saúde de pessoas submetidas ao jejum em diferentes modalidades: as que consomem suas calorias de uma só vez, as que as dividem em duas ocasiões ou as que as consomem ao longo do dia. Imagina-se que comer ao longo do dia impeça o corpo de entrar em um "estado de jejum". Como é esse estado de jejum que nos é tão benéfico, a ingestão de pequenas refeições provavelmente reduzirá bastante os benefícios.

O Dr. Mark Mattson, do Instituto Nacional sobre o Envelhecimento dos Estados Unidos, concorda que a ingestão de 500 ou 600 calorias em uma só refeição deve ser melhor do que o esquema de fazer várias pequenas refeições ao longo do dia. Ele acredita que quanto mais tempo o corpo fica sem comida, maior a resposta adaptativa ao estresse celular, o que é particularmente bom para o cérebro.

Enquanto isso, o Dr. Valter Longo, do Instituto de Longevidade da Universidade Southern California, vai mais longe: no que se refere à redução do IGF-1, ele argumenta que é melhor fazer quatro dias consecutivos de jejum a cada poucos meses, pular refeições e adotar uma dieta baseada em alimentos de origem vegetal e pobre em proteínas durante a semana para manter o peso ideal. Isso, obviamente, fica inviável para a maior parte das pessoas; jejuar por períodos prolongados é difícil demais. Em suma, o esquema de dois dias não consecutivos de jejum e cinco dias livres por semana parece ser o padrão que oferece a maior abrangência de benefícios à saúde *com* o maior nível de tolerância. Estamos aguardando novos experimentos, mas até lá essa continua sendo nossa opção para a combinação fundamental de emagrecimento e viabilidade.

Algumas pessoas que não sentem fome na hora do café da manhã vão preferir comer um pouco mais tarde. Tudo bem. Uma das principais pesquisadoras nesse campo começa o dia com um café da manhã tardio, por volta das onze da manhã, e termina com o jantar às sete da noite. Dessa forma, jejua 16 horas em um período de 24 horas (do jantar até o café da manhã tardio do dia seguinte), duas vezes por semana. Com base no estudo com camundongos citado na página 42, essa pode até ser uma abordagem melhor.

No entanto, só é "melhor" se você de fato a seguir, e um café da manhã tardio pode não ser adequado ao estilo de vida, aos horários ou ao organismo de algumas pessoas. Sendo assim, encontre o esquema que lhe seja mais adequado. Por exemplo, alguns adeptos do jejum apreciam a conveniência e a simplicidade de uma única refeição de 500 ou 600 calorias que lhes permita ignorar totalmente os alimentos no restante do dia. Qualquer que seja a sua opção, faça dela seu plano, sua vida. Siga-a com entusiasmo, mas esteja preparado para experimentar dentro dos limites da dieta.

O que comer

É curioso falar sobre comida com alguém que está prestes a iniciar um jejum. Mas a Dieta dos 2 Dias é um programa modificado, que permite a ingestão de 500 calorias para as mulheres e 600 para os homens em qualquer dia de jejum, tornando o esquema relativamente confortável e, acima de tudo, sustentável a longo prazo. Portanto, sim, você poderá comer nos dias de jejum. No entanto, os alimentos que você escolhe comer são de suma importância.

A Dieta dos 2 Dias é um programa modificado, que permite a ingestão de 500 calorias para as mulheres e 600 para os homens em qualquer dia de jejum, tornando o esquema relativamente confortável e, acima de tudo, sustentável a longo prazo.

Dois princípios gerais devem guiar o que você come e o que deve evitar em um dia de jejum. O objetivo é ingerir alimentos que o deixem satisfeito mas dentro do limite de 500 ou 600 calorias – e as melhores opções para alcançar este objetivo são alimentos que sejam ricos em proteínas e alimentos com baixo índice glicêmico. Vários estudos[2] demonstram que indivíduos que seguem uma dieta rica em proteínas se sentem mais saciados durante períodos mais longos (na verdade, a principal razão que leva as pessoas a emagrecerem em dietas como a do Dr. Atkins é que elas comem menos). O problema das dietas com alto teor de proteína, entretanto, é que as pessoas tendem a se entediar com as restrições alimentares e acabam desistindo. Há também indícios de que as dietas com alto teor de proteína estão associadas a altos níveis de inflamação crônica e de IGF-1, que por sua vez têm relação com um risco maior de doenças cardíacas e câncer.[3]

Portanto, a Dieta dos 2 Dias não recomenda o boicote total aos carboidratos, tampouco a adoção de uma dieta rica em proteínas pelo resto da vida. Porém, nos dias de jejum, a combinação de proteínas e alimentos com baixo índice glicêmico será uma arma poderosa para controlar a fome.

Entendendo o índice glicêmico

No capítulo anterior, discutimos a importância do açúcar sanguíneo e da insulina. Níveis elevados de insulina gerados por altos níveis de açúcar no sangue estimulam o organismo a armazenar gordura e aumentam o risco de câncer. Outra razão para não ingerir alimentos que causem elevações bruscas nos níveis de açúcar no sangue, sobretudo nos dias de jejum, é que, quando ocorrer uma queda nos níveis de glicose, o que inevitavelmente ocorrerá, você vai começar a sentir muita fome.

Os carboidratos dos alimentos têm o maior impacto no açúcar sanguíneo, mas nem todos os carboidratos são iguais. Quem costuma fazer dieta sabe que uma maneira de descobrir quais carboidratos causam elevações súbitas nos níveis de açúcar no sangue e quais não causam é analisar seu índice glicêmico (IG). Cada alimento recebe uma pontuação de 0 a 100; quanto mais baixa a pontuação, menos o alimento tende a causar uma elevação súbita na glicose sanguínea. São esses alimentos que você deve preferir.

A medida da elevação dos níveis de glicose depende não apenas do alimento em si, mas também da quantidade ingerida. Por exemplo, tendemos a ingerir uma quantidade muito maior de batata inglesa de uma só vez do que kiwi. Portanto, existe também uma medida chamada carga glicêmica (CG), calculada da seguinte maneira:

$$CG = \frac{IG \times \text{gramas de carboidratos}}{100}$$

O IG e a CG são interessantes não apenas porque são ótimos indicadores de saúde futura (pessoas que seguem uma dieta com CG baixa correm menos risco de desenvolver diabetes, doenças cardíacas e vários tipos de câncer), mas também porque apresenta surpresas. Quem iria imaginar que a ingestão de uma batata inglesa cozida teria um impacto sobre os níveis de glicose no sangue semelhante ao da ingestão de uma colher de sopa de açúcar?

De maneira geral, um IG superior a 50 ou uma CG acima de 20 não são bons; quanto mais baixos os valores, melhor. Vale a pena reiterar que o IG e a CG são medidas relacionadas aos carboidratos. O IG não é relevante para proteínas e gorduras, por isso nenhum dos alimentos listados tem um conteúdo significativo de proteína ou gordura.

Vamos analisar rapidamente alguns alimentos consumidos no café da manhã:

ALIMENTO	IG	CG	TAMANHO DA PORÇÃO (GRAMAS)
AVEIA	50	10	50
BOLINHO DE FARELO	60	15	57
BROA DE MILHO	102	30	57
FLOCOS DE MILHO	80	20	30
GRANOLA	43	7	30
PANQUECA (TRIGO SARRACENO)	102	22	77 (mix)
ROSQUINHA	72	25	70

Fonte: people.bu.edu/sobieraj/papers/GlycemicIndices.pdf.

Podemos constatar por que, se você estiver optando por um café da manhã composto de carboidratos, aveia e granola são opções melhores do que flocos de milho ou uma rosquinha.

Mas você vai comer a granola com quê?

ALIMENTO	IG	CG	TAMANHO DA PORÇÃO (GRAMAS)
LEITE	27	3	250
LEITE DE SOJA	44	8	250

O IG e a CG relativamente altos do leite de soja são apenas um motivo pelo qual você deve optar pelo leite. E, falando em surpresas, aqui está outra:

ALIMENTO	IG	CG	TAMANHO DA PORÇÃO (GRAMAS)
SORVETE	**37**	**4**	**50**

Era de esperar que o sorvete teria IG/CG altos, mas a verdade é outra. Se considerarmos a contagem de calorias, um sorvete de morango light seria uma ótima maneira de finalizar uma refeição. Se quiser saber mais sobre o IG e a CG de vários alimentos e qual a melhor maneira de planejar os cardápios para os dias de jejum, consulte as páginas 102 e 103.

E quanto à proteína?

Certamente não recomendamos apenas a ingestão de proteína em um dia de jejum, mas a saúde muscular, a manutenção das células, a regulação endócrina, a imunidade e a vitalidade necessitam de determinada quantidade de proteína. Além disso, proteína sacia, por isso vale a pena incluí-la em sua cota de calorias. O melhor conselho é se ater à ingestão diária recomendada de 46 gramas para mulheres e 55 gramas para homens – uma porção bastante generosa.

Opte pela "proteína benéfica". O peixe branco cozido no vapor, por exemplo, é pobre em gorduras saturadas e rico em minerais. Prefira peito de frango sem pele a carne vermelha; experimente laticínios light, em lugar dos integrais; inclua camarão, atum e tofu ou outras proteínas vegetais. Nozes e castanhas, sementes e leguminosas (feijão, ervilha e lentilha) são ricas em fibras e proporcionam saciedade nos dias de mais fome. As nozes, embora sejam ricas em calorias (dependendo, obviamente, da quantidade que você comer), em geral têm IG baixo e proporcionam a sensação de saciedade. Elas são gordurosas, por isso há quem imagine que fazem mal; no entanto, há indícios de que a incidência de doenças cardíacas e diabetes é menor entre os consumidores de nozes do que entre os que se abstêm desse alimento.[4]

Os ovos são pobres em gordura saturada e têm alto valor nutricional, além de não afetarem adversamente os níveis de colesterol. Cada ovo tem apenas 90 calorias, por isso, o consumo de ovos no café da manhã nos dias de jejum faz todo o sentido. Dois ovos, acompanhados de uma porção de 50g de salmão defumado, somam comedidas 250 calorias. Pesquisas constataram que os indivíduos que consomem proteína do ovo no café da manhã têm maior propensão a se sentirem saciados ao longo do dia do que aqueles cujo café da manhã contém proteína do trigo.[5] Ovo cozido ou poché evitam o acréscimo de calorias de menor valor. Assim, abra mão da torrada; em seu lugar, opte por aspargos cozidos no vapor.

Para ver outras sugestões de alimentos que proporcionam a sensação de saciedade nos dias de jejum e verificar os benefícios de determinadas opções, consulte a página 102.

Como encaixar o jejum na sua vida

Como começar?

Se você não tem nenhum problema de saúde e não é uma pessoa a quem não se recomendaria a prática do jejum (ver página 117), a melhor hora para começar é agora.

Talvez você prefira aguardar a posição do seu médico. Talvez queira se preparar – tentar se livrar de um hábito arraigado de excessos alimentares, fazer uma limpeza na geladeira, comer aquele último biscoito que está na despensa. Ou talvez queira começar agora e constatar progressos visíveis já em algumas semanas. O importante, porém, é iniciar a dieta no dia em que estiver se sentindo forte, determinado, calmo e decidido a manter seu compromisso. Conte aos amigos e familiares que está iniciando a Dieta dos 2 Dias; quando torna público seu compromisso, você tem muito mais probabilidade de mantê-lo. Evite feriados, férias e dias em que precisar comparecer a um lauto almoço ou café da manhã de negócios. Reconheça, também, que, em um dia mais agitado, repleto de atividades, o tempo de jejum passará mais rápido, ao passo que em um dia sem muitos acontecimentos esse tempo demora mais a passar.

Assim que tiver decidido em que dia vai começar seu jejum, coloque a cabeça para trabalhar. Antes de começar, anote seus dados – peso, IMC, peso almejado – em um caderno e prepare-se para monitorar seu progresso, sabendo que as pessoas que mantêm um registro honesto do que comem e bebem têm maior tendência a emagrecer e não voltar a engordar. Em seguida, respire fundo e relaxe. A única coisa que você tem a perder são aqueles quilos a mais.

Vai ser difícil?

Se já faz tempo que você não sabe o que é sentir fome, provavelmente vai achar que ingerir 500 ou 600 calorias por dia será um desafio, pelo menos no início. Os seguidores do jejum intermitente relatam que o processo se torna bem mais fácil com o passar do tempo, sobretudo quando começam a ver os resultados no espelho e na balança. Seu primeiro dia de jejum deve passar rápido, embalado pela novidade do processo; um dia de jejum na quarta-feira chuvosa da terceira semana, por outro lado, pode ser mais difícil. Sua missão é chegar ao fim do dia sabendo que, embora você esteja recusando aquele chocolate hoje, amanhã poderá comer o que quiser. Esta é a vantagem da Dieta dos 2 Dias e o que a diferencia de outros programas de emagrecimento.

Embora você esteja recusando aquele chocolate hoje, amanhã poderá comer o que quiser. Esta é a vantagem da Dieta dos 2 Dias e o que a diferencia de outros programas de emagrecimento.

Não há razão para ficar preocupado com a fome inofensiva, ocasional, de curta duração. Estando em boas condições de saúde, você não vai passar mal. Não vai cair duro no chão de uma hora para outra. Nosso organismo foi programado para passar períodos um tanto longos sem comida, mesmo que com o passar dos anos tenha ficado mal-acostumado a beliscar o tempo todo. Pesquisas constataram que os seres humanos modernos tendem a confundir fome com toda uma gama de emoções.[6] Comemos quando estamos entediados, quando estamos com sede, quando há comida por perto (e quando não há?), quando temos companhia ou simplesmente quando o relógio nos diz que é hora de comer. Muitos comem, também, porque lhes dá prazer. Embora você deva tentar resistir a essa fome hedônica em um dia de jejum, relaxe sabendo que, se quiser, poderá ceder à tentação no dia seguinte.

Não há motivo para entrar em pânico. Basta notar que o cérebro humano é hábil em nos persuadir de que estamos com fome em quase todas as situações: quando somos confrontados com sentimentos de privação, abstinência ou decepção; quando estamos com raiva, tristes, felizes, neutros; quando somos submetidos a propaganda, imperativos sociais, estimulação sensorial, recompensa, hábito, ao cheiro de café fresco, de pão quentinho ou de bacon frito. Reconheça agora que essas muitas vezes são reações a sinais externos que nos foram ensinados, em sua maior parte feitas para nos fazer gastar dinheiro. Se você ainda está digerindo sua última refeição, é altamente improvável que o que sinta seja fome de verdade (o "tempo de trânsito digestivo total" pode durar até dois dias, dependendo do seu sexo, do seu metabolismo e do que comeu).

Embora a sensação de fome intensa possa ser agressiva e desagradável, na prática é mais fluida e controlável do que você imagina. É muito pouco provável que você seja incomodado pela fome até o fim de um dia de jejum. E mais: a fome vai passar. Os adeptos do jejum relatam que a sensação de fome percebida vem em ondas, e não sob a forma de uma sensação de vazio crescente no estômago, que não para de roncar. É uma sinfonia de movimentos diferenciados, não um crescendo constante e intolerável. Encare os roncos do seu estômago como um bom sinal, uma mensagem de saúde.

Você tem total poder para vencer a sensação de fome simplesmente direcionando sua mente, optando por fazer outra coisa em vez de comer – dar um passeio, telefonar para um amigo, tomar um chá, sair para correr, tomar um banho, cantar no chuveiro, etc. Depois de algumas semanas praticando o jejum intermitente, em geral as pessoas relatam que a sensação de fome diminui.

A maior dificuldade de seguir a Dieta dos 2 Dias ou qualquer forma de jejum está nas primeiras semanas, enquanto seu corpo e sua mente se ajustam aos novos hábitos, às novas maneiras de se alimentar. A boa notícia é que a maioria das pessoas se adapta bem depressa. De fato, várias pessoas entraram em contato conosco para dizer que foi inesperadamente fácil. Kimberly, que já faz a Dieta dos 2 Dias há algum tempo com o marido, comentou: "Fico impressionada com a energia que sinto nos dias de jejum. Não é tão difícil assim, mas um tanto desafiador. Já comecei o programa do Vigilantes do Peso várias vezes e este método do jejum é muito mais tranquilo. Muitos amigos querem saber o nosso segredo. Até agora, perdi muita barriga. A pressão arterial do meu marido diminuiu bastante." O importante é desenvolver uma estratégia que funcione para você. David, por exemplo, escreveu: "Para mim, comer o mínimo no café da manhã aumenta a fome no restante do dia, por isso evito comer qualquer coisa até bem tarde. Você precisa iniciar um dia de jejum com a mentalidade correta."

Portanto, coragem. No dia do jejum, contenha-se, divirta-se e distraia-se. Antes mesmo de se dar conta, você vai ter recondicionado seu cérebro e tirado a fome do cardápio.

Amanhã é outro dia – Força de vontade, paciência e gratificação adiada

Talvez a parte mais reconfortante e revolucionária da Dieta dos 2 Dias seja o fato de que ela não dura para sempre. Ao contrário das dietas de privação em que você fracassou antes, nesse programa, amanhã será sempre diferente. Mais fácil. Você vai poder até comer panqueca no café da manhã, sair para almoçar com os amigos, com direito a sorvete de sobremesa. Esse mecanismo de liga/desliga é fundamental. Significa que, embora nos dias de jejum você esteja ingerindo um quarto da sua quantidade habitual de calorias, no dia seguinte poderá comer à vontade. O fato de seu jejum ser sempre curto, uma breve pausa alimentar, proporciona grande conforto psicológico.

Nos dias livres, ignore o jejum – ele não manda em você, não o define. Você não o segue na maior parte do seu tempo. Ao contrário das dietas da moda, você continuará tendo prazer com a comida, podendo desfrutar dos seus alimentos favoritos e participar dos eventos habituais envolvendo comida. Não há *shakes* especiais, barras, regras, pontos ou idiossincrasias. Você não terá que dizer "não" o tempo todo. Por isso, não vai se sentir privado, motivo pelo qual – como todo mundo que já embarcou na luta diária de seguir uma dieta dia após dia sabe muito bem – as dietas convencionais não dão certo.

> Ao contrário das dietas da moda, você continuará tendo prazer com a comida, podendo desfrutar dos seus alimentos favoritos e participar dos eventos habituais envolvendo comida.

O segredo, portanto, é reconhecer, por meio da paciência e da força de vontade, que você vai conseguir sobreviver até o café da manhã do dia seguinte. Não se esqueça de que os adeptos do jejum relatam regularmente que o alimento com o qual "quebram o jejum" tem um sabor glorioso. Se até agora você não tinha grande consideração pelo que consome quase sem pensar, isso está prestes a mudar. Nada como a gratificação adiada para fazer as coisas terem um gosto especial.

Aderência e manutenção – Como encontrar um padrão alimentar que funcione para você

As dietas em geral não funcionam. Disso você já sabe. De fato, quando uma equipe de psicólogos da UCLA realizou uma análise dos 31 experimentos com dietas de longo prazo em 2007, ela concluiu que "diversos estudos indicam que a dieta é um previsor consistente de ganho de peso no futuro. (...) Perguntamos o que provava que as dietas funcionam a longo prazo, e descobrimos que os indícios mostram justamente o contrário". A análise revelou que, embora emagreça nos primeiros meses, a grande maioria das pessoas volta ao peso original no prazo de cinco anos, enquanto "pelo menos um terço acaba recuperando o peso inicial e engordando ainda mais".[7] Fica claro que a abordagem-padrão não funcionou, não funciona e nunca vai funcionar.

Portanto, para ser eficaz, qualquer método precisa ser racional, sustentável, flexível e viável a longo prazo. O segredo está na adesão, não no emagrecimento em si, por isso, suas metas devem ser realistas e o programa, prático. O método tem que caber na sua vida como ela é, não na vida dos seus sonhos. Precisa sair de férias com você, visitar os amigos, passar um dia monótono no escritório e lidar com as datas festivas. Para dar certo, qualquer estratégia de emagrecimento deve ser tolerável, orgânica e natural, não um suplemento artificial que faz você se sentir estranho e desconfortável, o equivalente alimentar de usar um sapato apertado.

Embora a experiência a longo prazo dos adeptos do jejum intermitente ainda esteja sob investigação, as pessoas que o testaram comentam a facilidade com que ele se encaixa na vida cotidiana. Elas continuam comendo uma variedade de alimentos, recompensando-se com seus pratos preferidos e tendo uma vida normal. Nada de sofrimento, nada de desespero, nada de autoflagelação.

Flexibilidade: o segredo do sucesso

Seu organismo é diferente do meu. Portanto, vale a pena elaborar um plano que esteja de acordo com as suas necessidades, com o seu cotidiano, sua família, seus compromissos e suas preferências. Se a vida de cada pessoa é diferente, um mesmo programa de dieta não será adequado a todo mundo. Todos têm suas sutilezas e peculiaridades. É por isso que não há mandamentos absolutos aqui, apenas sugestões. Você pode optar por jejuar de uma maneira específica, em um dia específico. Pode querer comer tudo de uma só vez, ou dividir suas porções em duas refeições. Há quem prefira saber de antemão o que e quando comer; há quem prefira uma abordagem mais informal. Tudo bem. Basta manter o método básico – 500 ou 600 calorias por dia, com o maior intervalo possível sem comer nada, duas vezes por semana – e você vai obter os inúmeros benefícios do programa. Com o tempo, haverá pouca necessidade de contar assiduamente as calorias; você saberá o que significa um dia de jejum e qual a melhor maneira de adaptá-lo às suas necessidades.

O modelo de manutenção

Depois de ter alcançado o peso almejado, ou até mesmo o ultrapassado (permitindo flexibilidade e espaço para uma generosa fatia de bolo de aniversário), está na hora de começar a pensar na adoção do modelo de manutenção. Trata-se de um ajuste ao jejum no qual você jejua apenas um dia por semana para manter o seu peso desejado e, ainda assim, colher os benefícios antienvelhecimento do jejum ocasional. É claro que um dia por semana – se você assim escolher – oferece menos benefícios à saúde a longo prazo do que dois dias; mas se encaixa facilmente em sua vida, em especial se você não tiver a intenção de emagrecer ainda mais. Da mesma maneira, se surgir uma viagem, se houver um casamento no calendário ou se você tiver exagerado nas festas de fim de ano, é só voltar ao esquema de dois dias de jejum por semana. Você é quem decide.

O que esperar

O primeiro resultado da adoção da Dieta dos 2 Dias é, claro, o emagrecimento – em algumas semanas você vai perder mais peso, em outras, menos; em algumas semanas seu peso vai se estabilizar, em outras a perda será mais acelerada. De modo geral, a expectativa é emagrecer mais ou menos 500g a cada dia de jejum. Esses 500g com certeza não serão totalmente de gordura. Parte desse peso virá da água, e parte dos alimentos que foram digeridos pelo seu organismo. No entanto, você deve perder por volta de 5 quilos em um período de 10 semanas, mais do que em uma dieta de baixas calorias. O principal é que, com o tempo, esses quilos não vão voltar. E mais importante do que os quilos que você vai perder é o que você vai ganhar.

O que muda na sua anatomia

Ao longo de várias semanas, seu IMC, o percentual de gordura corporal e a circunferência da cintura vão cair e a quantidade de massa muscular magra vai aumentar. Seus níveis de colesterol, glicose e IGF-1 vão melhorar.

Ao longo de várias semanas, seu IMC, o percentual de gordura corporal e a circunferência da cintura vão cair e a quantidade de massa muscular magra vai aumentar. Seus níveis de colesterol, glicose e IGF-1 vão melhorar. Esse é o caminho para uma saúde melhor e uma vida mais longa. A curto prazo, mudanças notáveis já começam a se manifestar na sua imagem no espelho, à medida que você fica mais magro e mais leve.

Conforme as semanas passam, você verá que o jejum intermitente tem também potentes efeitos secundários. Juntamente com a evidente perda de peso e os benefícios à saúde armazenados para o futuro, há consequências mais sutis, regalias e bônus que podem entrar em jogo.

O que muda no seu apetite

Não vai demorar muito para suas preferências alimentares se adaptarem; em breve, você vai passar a optar automaticamente por alimentos saudáveis. Começará a entender a fome, a negociar e a lidar com ela, sabendo o que é sentir fome de verdade. Vai reconhecer também a sensação de estar agradavelmente saciado, não empanturrado e gemendo de desconforto. Satisfeito, não cheio demais. Resultado? O fim das "ressacas alimentares", uma digestão melhor e mais energia.

Após seis meses de jejum intermitente, algumas coisas interessantes devem acontecer com seus hábitos alimentares. Talvez você descubra que come metade da carne que comia antes – não como algo consciente, mas sim como uma atitude natural, derivada do que você deseja para si mesmo. É provável que passe a comer mais hortaliças. Muitos dos adeptos do jejum intermitente evitam instintivamente o pão (e, por associação, manteiga), e as indigestas comidas calóricas lhes parecem menos atraentes; além disso, os açúcares refinados deixam de ser tão tentadores quanto eram.

Tudo isso vai acontecer naturalmente, sem você se dar conta. Se for como eu, um dia, muito em breve, vai chegar a um ponto em que dirá não ao pedaço de torta porque não quer, e não porque está se privando do prazer de comê-lo. Esse é o poder básico do jejum intermitente: o método o incentiva a rever sua alimentação. E essa é a sua passagem para a saúde a longo prazo.

O que muda na sua atitude

Em primeiro lugar, você vai começar a perder os maus hábitos alimentares. Mas, se continuar seguindo a Dieta dos 2 Dias com consciência, ocorrerão vários outros tipos de mudanças, algumas delas inesperadas e improváveis. Por exemplo, você pode descobrir que há anos sofre de "distorção da porção", ao acreditar que realmente precisa de toda a comida que coloca no prato. Com o tempo, talvez se dê conta de que vinha exagerando. Aqueles brownies na cafeteria vão começar a lhe parecer gordurosos e pesados demais. Um saco grande de batatas chips vai lhe parecer monstruoso. Em vez de uma xícara grande de café, talvez você prefira uma xícara pequena, sem açúcar nem creme.

Em breve você perceberá a verdade sobre como vinha comendo até agora e sobre as inúmeras mentiras que contou a si mesmo durante anos. Tudo isso faz parte do processo de reajuste; afinal, seu modo de pensar mudou. O jejum ocasional vai treiná-lo na arte de ser comedido; em última análise, esse é o objetivo. Tudo isso faz parte do esquema de mudança de comportamento em que a Dieta dos 2 Dias não vai se tornar jejum nem dieta, e sim um estilo de vida. Depois de um tempo, sem se dar conta, você terá uma nova abordagem em relação à alimentação – ponderada, racional e responsável.

Os adeptos do jejum intermitente também relatam um aumento da energia e do bem-estar emocional. Há quem fale de um "brilho"– resultado, talvez, da vitória na batalha pelo autocontrole, ou de caber em roupas de tamanhos menores e ouvir elogios, ou de algo que ocorre no nível metabólico e que governa o nosso humor. Podemos ainda não saber exatamente por que, mas, o que quer que seja, nos faz sentir bem. Muito melhor do que uma fatia de bolo faria. Segundo o depoimento de um dos adeptos do jejum na internet: "De modo geral, o jejum parece correto. É como dar um *reboot* no corpo."[8]

De forma ainda mais sutil, muitos adeptos da Dieta dos 2 Dias reconhecem uma sensação de alívio ao constatarem que seus dias de jejum não giram mais em torno da comida. Experimente. Existe certa liberdade aqui, desde que você permita que ela se materialize. Talvez você se veja, como aconteceu conosco, ansiando pelos dias de jejum: um momento de renovação e descanso para o seu organismo.

Agora, passemos à realidade da Dieta dos 2 Dias: histórias, dicas e resolução de problemas.

Como os homens jejuam – A experiência de Michael

Muitos homens entraram em contato comigo nos últimos meses para me contar quanto emagreceram e também para expressar sua surpresa e seu prazer com a facilidade do jejum intermitente. Eles gostam de sua simplicidade, de não precisarem abrir mão das coisas nem tentar memorizar receitas complicadas. Acredito também que apreciem o desafio.

O comediante britânico Dom Joly escreveu há pouco tempo para um jornal dizendo que tinha perdido 16 quilos com a Dieta dos 2 Dias. Quando assistiu meu programa *Horizon*, sentiu que era uma abordagem que ele se via seguindo pelo resto da vida. [9] Para ele, o maior atrativo é saber que poderá comer o que quiser no dia seguinte. Acrescentou ainda que hoje até gosta bastante dos dias de jejum, opinião semelhante à que ouvi de vários outros homens. Uma das coisas que os homens parecem apreciar especialmente no jejum é que ele se ajusta ao seu estilo de vida sem grandes incômodos. Não os impede de trabalhar, viajar, socializar ou se exercitar. De fato, para alguns, o jejum estimula o desempenho (consulte as páginas 114 e 115 para saber mais sobre jejum e exercícios).

Em um estudo belga, os homens que seguiram uma dieta rica em gordura e se exercitaram antes do café da manhã, com o estômago vazio, engordaram muito menos do que um grupo semelhante de homens que seguiu uma dieta idêntica e se exercitou após o café da manhã.[10] O estudo sustenta a afirmação de que se exercitar em jejum faz o corpo queimar um percentual maior de gordura como combustível. Pelo menos nos homens.

Para mim, um dia de jejum hoje segue uma rotina conhecida. Começa com um café da manhã rico em proteína, em geral ovos mexidos ou um prato de queijo cottage. Tomo várias xícaras de café puro e chá ao longo do dia, trabalhando normalmente, e é raro sentir fome até o finalzinho da tarde. Quando a fome surge, eu a ignoro ou saio para dar uma volta até ela passar.

No jantar, como um pouco de carne ou peixe e muitos legumes e verduras cozidos no vapor. Como não comi nada desde o café da manhã, delicio-me com meu jantar. Nunca tenho dificuldade para dormir e, na maior parte das vezes, não acordo com mais fome do que o normal no dia seguinte.

Como as mulheres jejuam – A experiência de Mimi

Enquanto a maior parte dos homens que conheço reage bem a números e metas, descobri que as mulheres tendem a adotar uma abordagem mais holística em relação ao jejum. Como em várias outras searas, gostamos de saber qual é a sensação que proporciona, tendo consciência de que cada organismo é diferente e tem uma reação própria aos estímulos. Buscamos histórias compartilhadas e o apoio dos amigos. E, de vez em quando, precisamos de um lanchinho.

Eu gosto de consumir minhas calorias nos dias de jejum em duas partes – uma pela manhã, uma mais tarde –, terminando meu dia com minha cota de calorias e almejando um intervalo longo entre um e outro para maximizar os ganhos à saúde e o emagrecimento. Mas preciso comer uma coisinha nesse intervalo para me dar energia. Meu café da manhã nos dias de jejum em geral é composto de granola sem açúcar com frutas secas e castanhas (müsli), às vezes acompanhando morangos frescos e amêndoas, com leite semidesnatado ou desnatado. Na hora do almoço como uma maçã – não é um banquete, eu sei, mas é o suficiente para fazer diferença no meu dia. Depois, vem o jantar: uma salada substancial e interessante, com muitas folhas e alguma proteína magra – salmão defumado, atum ou homus – depois de as crianças terem ido dormir. Ao longo do dia, tomo água mineral com gotinhas de limão, litros de chá de ervas e café puro à vontade, o que me ajuda bastante.

Nos quatro meses que se passaram desde que comecei a Dieta dos 2 Dias, emagreci 6 quilos e meu IMC caiu de 21,4 para 19,4. Se você precisa emagrecer mais do que isso, saiba que pessoas com maior peso respondem muito bem ao jejum intermitente, e os efeitos positivos devem ficar aparentes em um tempo relativamente curto. Hoje, um dia de jejum na semana (às segundas-feiras) parece ser suficiente para manter meu peso estável.

Conheço muitas mulheres versadas nas técnicas de dietas (afinal, são anos de prática), e aprendi algumas dicas que podem ser úteis em um dia de jejum. Recomendo, por exemplo, comer em garfadas pequenas, mastigar lentamente e se concentrar no que está em seu prato. Para que ler uma revista ou mexer no celular enquanto come? Para quem está ingerindo apenas 500 calorias, faz sentido aproveitá-las ao máximo.

Como muitos seguidores do jejum intermitente, descobri que a fome não é problema. Por alguma razão – e há de se questionar se isso convém à indústria de alimentos – desenvolvemos medo de sentir fome, preocupando-nos com os níveis de glicose, etc. De modo geral, encaro os dias de jejum como uma liberdade, não uma restrição. Dito isso, aqui estão os pontos altos e baixos: alguns dias passam muito depressa; em outros, sinto-me como se estivesse afundando, talvez por razões emocionais ou hormonais, ou simplesmente pelas dificuldades normais que a vida nos impõe. Veja como se sente e não hesite em interromper o jejum se perceber que aquele não é o melhor dia para isso.

Doze maneiras de fazer a Dieta dos 2 Dias funcionar a seu favor

1. **Saiba quais são seu peso e seu IMC desde o início.** Como já mencionamos, uma das melhores coisas que você pode fazer é calcular o seu índice de massa corporal – peso dividido pela altura ao quadrado (vários sites na internet fazem este cálculo). Pode parecer besteira, mas é a melhor ferramenta que temos para traçar um caminho até o emagrecimento saudável. Observe que o IMC não leva em conta tipo de corpo, faixa etária ou etnia e, por isso mesmo, deve ser tratado com cautela. Ainda assim, se você precisar de um número para se orientar, basta ficar de olho nesse indicador.
Pese-se com regularidade, mas não de forma obsessiva. Uma vez por semana basta. Se quiser constatar a queda nos números, a manhã depois dos dias de jejum é o melhor momento para isso. Você pode descobrir que o seu peso medido em um dia normal é bem diferente do medido em um dia de jejum. Essa discrepância muito provavelmente se deve ao peso adicional dos alimentos presentes no trato gastrintestinal e não a alterações na massa de gordura de um dia para outro. Para contornar isso, tire uma média de alguns dias para chegar a um número razoável de perda de peso. Só não faça do hábito de se pesar um ônus. Se você gosta de estrutura e clareza, talvez seja importante monitorar seu progresso. Defina uma meta. Qual é o seu objetivo e quando deseja alcançá-lo? Seja realista: emagrecer rápido demais não é aconselhável, por isso vá com calma. Elabore um plano. Passe-o para o papel.

Muitas pessoas recomendam a manutenção de um diário. Além dos números, registre suas experiências; tente anotar três coisas boas que acontecem no dia do jejum. Essas três coisas servirão como uma mensagem positiva à qual você poderá voltar com o passar do tempo.

2. **Encontre um amigo para jejuar com você.** Você precisa de muito poucos recursos para ter sucesso nessa dieta, mas um amigo solidário pode ser um deles. Assim que iniciar a Dieta dos 2 Dias, conte às pessoas; talvez alguém queira se juntar a você nessa empreitada e vocês venham a desenvolver uma rede de experiências em comum. Como o plano atrai homens e mulheres igualmente, casais relatam que é mais fácil seguir o programa se os dois o fizerem juntos. Dessa forma, você obtém apoio, camaradagem e comprometimento mútuos, e compartilha histórias; além disso, as refeições tornam-se muito mais fáceis se você estiver comendo ao lado de alguém que entende o que se passa. Salas de bate-papo e fóruns on-line são também excelentes fontes de apoio e informação. É muito reconfortante saber que você não está sozinho.

3. **Prepare com antecedência sua comida para o dia de jejum** a fim de não vasculhar a geladeira e dar de cara com uma salsicha que sobrou do dia anterior olhando irresistivelmente para você. Mantenha a simplicidade, tendo como objetivo um dia de jejum com sabor, sem esforço. Deixe as compras e as atividades com comida para os dias em que não vai jejuar, para não sucumbir à tentação (o Capítulo 3 apresenta ideias

de receitas simples, que saciam a fome, para os dias de jejum). Antes de iniciar a Dieta dos 2 Dias, jogue fora as comidas calóricas e pobres em nutrientes que encontrar na despensa e na geladeira. Esse tipo de comida só vai servir para atrair sua atenção, tornando o seu dia de jejum mais difícil do que o necessário.

4. **Verifique nos rótulos dos alimentos quantas calorias há em cada porção.** Quando uma caixa de cereais matinais disser "porção de 30g", pese-a para consumir a quantidade correta. E seja honesto. Uma vez que sua contagem de calorias em um dia de jejum é fixa e limitada, é importante não fazer vista grossa quanto ao que realmente está ingerindo. Nas páginas 166 a 180, você vai encontrar uma tabela com as calorias contidas em diversos itens sugeridos para os dias de jejum. Se preferir, procure aplicativos para celular que façam contagem de calorias. E o mais importante: não conte calorias nos outros cinco dias. Você tem coisa melhor para fazer.

5. **Espere antes de comer**. Tente resistir pelo menos 10 minutos, 15, se possível, para ver se a fome diminui (como tende a acontecer). Se precisar mesmo comer entre as refeições, opte por alguma coisa que não eleve seus níveis de insulina. Experimente cenoura crua em palitos, um punhado de pipoca feita sem óleo e sem gordura, uma fatia de maçã ou alguns morangos. Mas não fique beliscando o tempo todo ao longo do dia; as calorias logo vão se acumular e você vai acabar desanimando do jejum. Nos dias em que jejuar, faça as refei-

ções com calma, concentrando-se por inteiro no fato de que está comendo. Do mesmo modo, nos outros cinco dias fique alerta. Coma até se satisfazer, não até se sentir cheio (isso ocorrerá naturalmente depois de algumas semanas de prática). Elabore o que o conceito de "cheio" significa para você – somos todos diferentes, e mudamos ao longo do tempo.

6. **Mantenha-se ocupado.** "Nós, seres humanos, estamos sempre em busca de algo para fazer entre as refeições", disse o cantor e compositor Leonard Cohen. É verdade, e olhe o que aconteceu conosco! Sendo assim, preencha seu dia, não seu prato. Pense em outras coisas, em vez de pensar em comida. A distração é a sua melhor defesa contra as artes das trevas da indústria alimentar, que plantou quiosques de guloseimas em cada esquina. E lembre-se: se quiser mesmo comer aquela fatia de bolo, ela ainda vai estar lá amanhã.

7. **Experimente o método de duas às duas**, ou seja, jejuar não da hora que vai dormir até a hora de dormir do dia seguinte, mas das duas da tarde até as duas da tarde do dia seguinte.
   Depois do almoço no primeiro dia, coma com moderação até a hora do almoço no dia seguinte. Assim, você emagrece enquanto dorme e não se sente privado de comida durante um dia inteiro. Esse é um truque inteligente, mas requer um pouco mais de concentração do que a opção do dia inteiro. O importante é que esse programa pode ser ajustado às suas necessidades. Exatamente como as suas roupas daqui a três semanas.

8. **Não tenha medo de pensar nos alimentos de que gosta.** De acordo com um mecanismo psicológico chamado habituação – em que quanto mais as pessoas têm de alguma coisa, menos valor lhe atribuem –, fazer o oposto e tentar suprimir pensamentos de comida é um estratégia falha.[11] O processo de pensamento mais importante aqui é tratar a comida como amiga, não como inimiga. A comida não é mágica, sobrenatural, nem perigosa. Não a demonize; trate-a como algo normal. É só comida.

9. **Cuide da hidratação.** Descubra quais são as bebidas não calóricas que mais lhe agradam e beba-as à vontade. Há quem goste de chás de ervas e quem prefira água mineral com gás (embora a água sem gás cumpra o mesmo objetivo). Grande parte de nossa hidratação vem dos alimentos que consumimos, por isso os adeptos do jejum talvez precisem compensar ingerindo mais líquidos do que nos dias sem jejum (verifique sua urina; ela deve ser abundante e clara). Embora não exista justificativa científica para a recomendação de beber oito copos de água por dia, há boas razões para não descuidar da ingestão de líquidos. Boca seca é o último sinal de desidratação, não o primeiro, por isso aja antes de seu corpo reclamar, reconhecendo, também, que um copo de água é uma maneira rápida de silenciar a barriga vazia, pelo menos temporariamente. Além disso, vai impedir que você confunda sede com fome.

10. **Não pense que vai emagrecer todos os dias.** Se, de uma semana para outra, o ponteiro da balança não se

mexer, pense nos benefícios à saúde que você com certeza está obtendo mesmo sem perder peso. Lembre-se dos motivos pelos quais está fazendo isso. Não foi só para emagrecer, foi para obter as vantagens a longo prazo: os benefícios amplamente aceitos do jejum intermitente, como o combate a doenças, o aumento da acuidade mental e uma vida mais longa. Pense no jejum como um plano de previdência para o seu corpo.

11. **Seja sensato, prudente e pare caso sinta que há algo errado**. É fundamental que essa estratégia seja praticada de maneira flexível. Não há nada de errado em violar as regras, se for necessário. Não se trata de uma corrida até a linha de chegada, por isso, avance com cuidado e divirta-se. Ninguém quer viver mais se for para sofrer, certo?

12. **Parabenize-se.** Todo dia de jejum concluído significa emagrecimento potencial e quantificáveis ganhos para a saúde. Você já está ganhando.

Perguntas e respostas

Quais dias devo escolher para o jejum?

Na verdade, não importa. A vida é sua; você é quem sabe quais são os dias mais adequados à sua realidade. Segunda-feira é uma escolha óbvia para muitos, talvez porque é mais fácil, em termos psicológicos e práticos, começar algo novo no início de uma nova semana, sobretudo depois de um fim de semana agitado. Por esse motivo, os adeptos do jejum podem optar por evitar jejuar sábados e domingos, quando almoços e jantares em família, noitadas e festas dificultam a vida de quem deseja cortar calorias. Quinta-feira seria outra escolha sensata para o jejum. Mas seja flexível; não se force a jejuar quando não se sentir bem. Se estiver particularmente estressado, desequilibrado, cansado ou irritado em um dia em que deveria fazer jejum, tente em outro dia. Adapte-se. Não se trata de estipular regras rígidas e únicas; trata-se de encontrar um padrão realista que funcione para você. No entanto, é importante buscar algum padrão. Dessa forma, ao longo do tempo seus jejuns vão se tornar fáceis, um hábito discreto que você aceita e adota. Você pode adaptar seus jejuns à medida que a sua vida – e seu corpo – mudam. Mas não descarte muitos dias de jejum; caso contrário você corre o risco de voltar aos velhos hábitos. Seja flexível, mas resista!

O jejum precisa ser de 24 horas?

Um período de 24 horas de jejum é prático, coerente e objetivo, o que promete maior chance de sucesso. Entretanto, é apenas a maneira mais conveniente de organizar um jejum. Não há magia alguma nas 24 horas. Não se preocupe com isso. Apenas mantenha o sistema e lembre-se de que você estará dormindo durante quase um terço desse tempo.

Devo jejuar em dias consecutivos?

A maioria dos estudos realizados até hoje com seres humanos envolveu voluntários que jejuaram em dias consecutivos; certamente há algum valor em fazer jejuns em dias consecutivos, mas, pelo que sabemos, não existem estudos com humanos comparando essa abordagem ao jejum em dias alternados. Sabemos, porém, o que funciona na prática para muitos adeptos do jejum. Michael experimentou o sistema consecutivo e teve muita dificuldade em mantê-lo ao longo do tempo, por isso resolveu adotar a versão intermitente – jejuando às segundas e quintas-feiras. O emagrecimento e a melhora nos níveis de glicose, colesterol e IGF-1 que constatou são todos resultado desse padrão de dois dias não consecutivos.

Há um imperativo psicológico aqui, também: se você jejuar por mais de um dia de cada vez, pode começar a se sentir irritado, entediado e tolhido – exatamente os sentimentos que destroem as melhores intenções de uma dieta. Uma parte fundamental desse plano é que você nunca se sente desafiado por tempo suficiente para ceder à tentação de parar. Antes de você se dar conta, o café da manhã vai estar servido e outro dia de jejum terá se passado.

Quanto vou emagrecer?

Isso vai depender, em grande parte, de seu metabolismo, seu tipo de corpo, seu peso inicial, seu nível de atividade física e de seguir o jejum à risca. Na primeira semana, talvez você perca bastante líquido, o que causa uma queda significativa no peso corporal; com o tempo, seu déficit calórico semanal fará com que você consuma menos energia do que gasta, perdendo gordura. Seja criterioso: o emagrecimento abrupto não é aconselhável e não deve ser seu objetivo. No entanto, a expectativa é que você perca mais de 3 quilos em oito semanas.

Sei que devo preferir alimentos com IG ou CG baixos nos dias de jejum. Mas quais são esses alimentos?

Como vimos, alimentos com baixo índice glicêmico ou baixa carga glicêmica ajudam a manter estáveis os níveis de açúcar no sangue, aumentando suas chances de conseguir levar o jejum até o fim com poucas calorias. Verduras e legumes são excelentes e você deve recorrer a eles nos dias de jejum. Repletos de nutrientes, proporcionam sensação de saciedade, têm poucas calorias e mantêm a glicose sanguínea baixa. A cenoura é excelente como lanche, particularmente quando acompanhada de pasta de grão-de-bico, cujo IG é 6 e cuja CG é 0. As frutas também são úteis, embora algumas sejam mais indicadas do que outras para os dias de jejum.

Procure na internet o IG dos alimentos que escolher para os dias de jejum. A Sociedade Brasileira de Diabetes disponibiliza em seu site (www.diabetes.org.br) a tabela internacional de índice glicêmico e carga glicêmica. Vale a pena examinar mais detalhadamente os amiláceos.

ALIMENTO	IG	CG	TAMANHO DA PORÇÃO (GRAMAS)
ARROZ BRANCO	76	36	150
ARROZ INTEGRAL	48	20	150
BATATA ASSADA	85	26	150
BATATA COZIDA	58	16	150
BATATA FRITA	75	22	150
MACARRÃO (TRIGO *DURUM*)	40	20	150
PURÊ DE BATATAS	85	17	150

A maior surpresa entre os alimentos mais comuns é constatar como o efeito da batata assada ou do purê de batatas é grande sobre os níveis de açúcar no sangue. Nos dias de jejum, evite esses amiláceos básicos, substituindo-os por grande quantidade de verduras. Cuidado também com as frutas. Algumas são aliadas do jejum, mas outras elevam muito os níveis de açúcar no sangue; é melhor deixar essas últimas para os dias em que está comendo sem restrições.

ALIMENTO	IG	CG	TAMANHO DA PORÇÃO (GRAMAS)
ABACAXI	84	7	120
BANANA	50	12	120
LARANJA	42	5	120
MAÇÃ	35	5	120
MORANGO	38	1	120
TÂMARA	100	42	60
UVA	45	9	120
UVA-PASSA	64	30	60

Comer a fruta inteira com casca ajuda a manter a saciedade por mais tempo. Morangos, sem açúcar, têm IG/CG extraordinariamente baixos, além de terem poucas calorias; não por acaso, muitos adeptos do jejum comem uma tigela de morangos no café da manhã. O mais importante a notar aqui é o alto impacto da uva-passa e da tâmara nos níveis de glicose sanguínea. Evite comê-las nos dias de jejum. Para saber o valor calórico dos alimentos, consulte a tabela de calorias a partir da página 166.

Comer a fruta inteira com casca ajuda a manter a saciedade durante um tempo maior.

Ouvi falar em "superalimentos". Vale a pena incluí-los nos dias de jejum?

O termo "superalimento" é mais uma jogada de marketing do que um construto científico, e os nutricionistas clínicos relutam em usar essa descrição. Entretanto, há indícios sugerindo que alguns alimentos são ricos em nutrientes ou substâncias fitoquímicas que podem ter uma função benéfica no organismo. Se gostar deles, pode comê-los – nos dias de jejum ou em qualquer dia da sua preferência. Não fazem mal, são gostosos e geralmente são frescos e pobres em calorias, o que os torna companheiros ideais para os dias de jejum.

Frutas: Enquanto os laboratórios do mundo continuam em busca de novas maravilhas para combater a obesidade, a mais recente descoberta é a humilde tangerina. As frutas cítricas em geral, e a tangerina em particular, contêm altas concentrações de nobiletina, um composto que "protege contra obesidade e aterosclerose" – pelo menos em camundongos de laboratório.[12] Se você gosta de tangerina, pode consumi-la e ainda relaxar enquanto a descasca. O mesmo grupo de pesquisadores descobriu anteriormente que grapefruit (ou toranja), rico em um composto chamado naringenina, estimula o fígado a queimar gordura em vez de armazená-la.[13] O grapefruit também contém compostos como liminoides e licopeno (que se acredita terem propriedades anticancerígenas),[14] e cada metade contém apenas 39 calorias, tornando-se uma boa opção para os dias de jejum. (Saiba, porém, que essa fruta interage com vários remédios comuns, por isso, se estiver tomando estatinas, por exemplo, consulte seu médico.) Uma alternativa seria incluir sempre uma fatia de melancia (30 calorias por 100 gramas) ou uma maçã (cerca de 50 calorias por 100 gramas) pelo sabor, pela textura e pela pectina, uma fibra solúvel que não pode ser absorvida pelo organismo, mas é útil na digestão de gorduras.[15] A maçã é o alimento conveniente por definição, embora seja bastante rica em calorias; coma-a inteira, com casca, semente e tudo – você provavelmente vai querer fazê-lo se estiver num dia de jejum. O tomate contém licopeno, que pode ajudar na proteção contra o câncer[16] e derrames.[17] Um punhado de tomates cereja ou morangos (IG baixo, CG baixa) poderia ser uma boa escolha para os dias de jejum. Antes de comer frutas, verifique as possíveis armadilhas calóricas na tabela de calorias a partir da página 166.

Frutas vermelhas: Mirtilos são ricos em polifenóis e fitonutrientes com propriedades antioxidantes. Novas pesquisas revelaram que essas frutinhas também podem ser capazes de decompor as células de gordura no corpo e impedir a formação de novas.[18] Impressionante, não? Mesmo que você não acredite na ciência, o mirtilo continua sendo uma fonte útil de vitamina C. Além das frutas vermelhas, procure no mercado outros superalimentos igualmente benéficos: *goji*, açaí, sementes de *chia* e *spirulina* (uma alga verde-azulada rica em nutrientes).

Legumes e verduras: Mais uma vez, o importante aqui é a variedade – diferentes cores, texturas, sabores e formas. O brócolis cozido no vapor contém uma grande variedade de nutrientes (inclusive vitamina K). A vagem fica deliciosa quando temperada com um pouco de limão e alho. O funcho é excelente ralado, acompanhado de gomos de laranja e um pouco de seu suco. O *edamame* é uma boa fonte de proteína com ácidos graxos ômega-3 e pouca gordura. Os amiláceos, obviamente, tendem a ter valor calórico e CG mais altos, embora saciem. Consuma-os com parcimônia e não adicione manteiga.

Folhas: É desnecessário dizer que as folhas são suas aliadas nos dias de jejum. Espinafre, couve, acelga, mostarda, espinafre formam um verdadeiro banquete de vitaminas, com pouquíssimas calorias. Tempere-as com gengibre, cominho, pimenta, suco de limão ou alho. O alho, aliás, contém alicina, o ingrediente ativo que lhe confere seu sabor peculiar e que se acredita proteger as células e reduzir depósitos de gordura;[19] portanto, use e abuse dele.

Ervas e especiarias: Pouco calóricas, simples, de alto impacto. Picles, cebola e pimenta (cuidado com o IG) também podem funcionar a seu favor, bem como a mostarda; na realidade, vale recorrer a qualquer coisa saudável que possa ressaltar o sabor do seu prato.

Nozes e castanhas: Chegamos à conclusão de que as nozes são um dos nossos alimentos preferidos para os dias de jejum: saciam e têm IG baixo. As amêndoas, embora bastante calóricas, são ricas em proteína e em fibras; os pistaches também (são ainda melhores, pois levamos mais tempo para quebrá-los e comê-los). Castanha-de-caju e coco ralado ajudam a dar vida à salada. Cuidado com a quantidade, pois as nozes e castanhas são alimentos altamente calóricos.

Sementes: Sementes de girassol contêm gorduras benéficas, além de ferro, zinco, potássio, vitaminas E e B1, magnésio e selênio – tudo isso em uma pequena porção delas.

Sopa: Cientistas da Universidade Estadual da Pensilvânia descobriram que a sopa é um excelente supressor do apetite.[20] Opte por um caldo leve ou missô; escolha uma sopa leve de cenoura e coentro e deixe de lado aquele caldo cremoso.

Grãos e cereais: A aveia é um excelente cereal, com carga glicêmica baixa, mas seria bom misturá-la a outros grãos; experimente trigo para quibe ou quinoa – são ricos em proteína e fibras, fáceis de preparar e excelentes fontes de ferro.

Laticínios: Os laticínios, ainda que ricos em proteína e cálcio, também podem ser ricos em gordura. Prefira as alternativas desnatadas – e deixe aquela tábua de queijos para amanhã. Iogurte light contém proteína, potássio e probióticos; como as nozes, os laticínios ajudam a manter a sensação de saciedade por mais tempo.

Independentemente do que você comer em um dia de jejum (ou qualquer dia), o mais importante é saborear os alimentos. Vá com calma. Dê uma olhada nos cardápios apresentados a partir da página 130 para ter mais ideias.

Independentemente do que você comer em um dia de jejum (ou qualquer dia), o mais importante é saborear os alimentos.

Sei que preciso comer muitos legumes e verduras, mas devo consumi-los crus ou cozidos?

Muito se discute se as hortaliças devem ser consumidas cruas ou cozidas. O cozimento pode destruir vitaminas, minerais e enzimas, mas também amacia as fibras de celulose, facilitando a absorção de nutrientes pelo organismo. O licopeno, um potente antioxidante encontrado no tomate, torna-se ainda mais potente se for cozido.[21] Uma pequena porção de ketchup não faz mal a ninguém. Cenoura, espinafre, cogumelos, aspargos, repolho, pimentões e muitos outros, cozidos ou preparados no vapor, fornecem mais antioxidantes, tais como carotenoides e ácido ferúlico, do que crus.[22] A desvantagem de cozinhar legumes e verduras é que o cozimento pode destruir a vitamina C presente neles. A discussão cru versus cozido é complicada. Nosso conselho é: coma-os em abundância, da maneira que preferir.

Posso comer o que gosto nos outros cinco dias?

Pode. Por mais estranho que possa parecer, não existem alimentos proibidos. Nos cinco dias da semana em que não estamos restringindo calorias, nós dois comemos à vontade – peixe com batata frita, batata assada, biscoitos, bolo, etc. O estudo de Illinois revelou que até os voluntários encorajados a comer batata frita, pizza e lasanha nos dias em que não estavam fazendo jejum emagreceram.

No entanto, *não tente* recuperar o tempo perdido, como se estivesse em um concurso para ver quem come mais.

Essa ausência de hiperfagia (apetite excessivo) após um dia de jejum pode parecer surpreendente, mas foi reportada em vários relatos. Muitos praticantes do jejum dizem que não sentem uma fome fora do normal após jejuarem; além disso, muita gente descobre que sua paixão de longa data por alimentos açucarados e calóricos parece diminuir à medida que o jejum intermitente se torna parte da rotina. Por enquanto, só podemos especular qual seria a razão para isso, mas alguns indivíduos com certeza experimentam um efeito estimulante a partir da perda de peso que obtêm: conforme vão perdendo quilos e quilos, sua determinação fica mais forte e alimentar-se de forma mais saudável, cortando pizzas, bolos e batata frita, parece uma mudança natural de estilo de vida.

Ao longo de sua evolução, porém, os seres humanos passaram a preferir alimentos ricos em calorias – o que antes nos conferia vantagem –, e talvez a maior vantagem da Dieta dos 2 Dias seja o fato de incluir alimentos que proporcionam prazer cinco vezes por semana. Na maior parte do tempo, não há limitação, privação nem culpa. O impacto psicológico de *não* estar em negação é enorme; frustra o paradoxo no qual, ao designarmos determinados alimentos como proibidos, nossa vontade de consumi-los aumenta ainda mais.[23]

Lembre-se, porém, de que não estamos falando aqui de um ciclo de empanturrar-se e passar fome em seguida: trata-se de ajuste e moderação. Estudos e a experiência mostram que o jejum intermitente *regula* o apetite, não o torna mais extremo. Você poderia comer à vontade nos dias em que não estivesse em jejum e acabar com todos os potes de sorvete que estão no freezer (mesmo que o fizesse, ainda obteria alguns dos benefícios metabólicos do jejum). Mas você não vai fazer isso. O mais provável é que fique intuitivamente atento à ingestão de calorias, quase sem notar. Da mesma maneira, talvez se pegue optando por alimentos mais saudáveis à medida que seu paladar for sendo alterado pelos jejuns ocasionais. Portanto, nada é proibido e você pode comer quanto quiser, mas ouça seu corpo quando ele lhe disser que é hora de parar.

É importante tomar café da manhã?

Há muito tempo o senso comum sugere que o café da manhã é a refeição mais importante do dia – deixar de tomar o café da manhã é como sair de casa sem casaco num dia frio. Mas não é bem assim. Pesquisas recentes mostram que um café da manhã mais pesado gera um almoço mais pesado e um jantar mais pesado, o que – e não há nenhuma surpresa aqui – significa uma contagem maior de calorias totais no dia.[24] Alguns adeptos do jejum sentem que precisam de sustento para começar o dia; outros preferem esperar para "quebrar o jejum" mais tarde. Você é quem decide; e, independentemente do padrão que escolher, mais tarde ele poderá mudar.

O que posso beber?

Muita coisa – desde que o valor calórico da bebida não seja alto. Na prática, como em vários outros pontos da Dieta dos 2 Dias, a escolha é sua. Beba muita água – não tem caloria, é muito barata (às vezes é de graça), sacia mais do que você imagina e o impedirá de confundir sede com fome. No verão, adicione rodelas de pepino ou gotinhas de limão. Ou leve ao freezer em forminhas, espere congelar e chupe os cubos. Para se aquecer, a sopa de missô contém proteína, é saborosa e uma xícara contém somente 40 calorias; o mesmo se aplica a um caldo leve de legumes. Uma xícara pequena de chocolate quente light feito com água proporciona menos de 40 calorias e uma sensação reconfortante. As bebidas com zero caloria são ainda melhores. Água quente com limão é uma das bebidas favoritas dos adeptos do jejum, mas talvez você prefira acrescentar folhas de hortelã ou alguns cravos, uma fatia de gengibre ou um pouco de capim-limão. Se gosta de chás de ervas, experimente sabores novos para animar o dia (erva-cidreira e canela, capim-limão e gengibre, lavanda, rosa e camomila, etc.). Ainda não se chegou a uma conclusão definitiva quanto aos efeitos antioxidantes do chá verde, mas, se você gostar, vá em frente. Lembre-se: o chá e o café devem ser puros e sem açúcar. Os sucos de frutas em geral tem um teor de açúcar muito alto, menos fibras do que a fruta inteira e podem ser ricos em calorias.

E quanto ao álcool?

As bebidas alcoólicas, embora sejam agradáveis, fornecem apenas calorias vazias. Uma taça de vinho branco contém cerca de 120 calorias, ao passo que uma lata de cerveja de 350ml tem cerca de 150 calorias. Abstenha-se totalmente pelo menos nos dias de jejum – é uma oportunidade de ouro de reduzir seu consumo semanal sem se sentir privado delas.

E a cafeína?

Indícios cada vez mais numerosos sugerem que, longe de ser um prazer cheio de culpa, o hábito de tomar café pode ser bom para você, ajudando a prevenir o declínio mental, melhorar a saúde cardíaca e reduzir o risco de câncer de fígado e de derrames.[25] Sendo assim, tome seu cafezinho, se é isso que o energiza no dia a dia. O café é uma arma útil para ter no seu arsenal contra o tédio, e um intervalo para o café é sempre um momento de descontração no dia. Não há nenhum motivo metabólico para evitar a cafeína durante o jejum, mas, se você tiver dificuldade para dormir, limite a ingestão de café no fim do dia. Obviamente, opte pelo café puro e sem açúcar. Só de curiosidade, um *macchiato* com caramelo de 450ml tem 224 calorias.

E quanto aos lanches?

A ideia geral da Dieta dos 2 Dias é dar ao seu corpo uma folga da comida de vez em quando. Se tiver mesmo que lanchar nos dias de jejum, faça-o de maneira consciente e frugal, tendo em mente o IG e a CG dos alimentos escolhidos.

ALIMENTO	IG	CG	TAMANHO DA PORÇÃO (GRAMAS)
BARRAS DE FRUTAS	93	20	30
BISCOITOS DE ARROZ	80	19	25
NOZES	27	3	50
PIPOCA	72	8	20

Você já tinha noção de que as barras de chocolate não são saudáveis, mas sabia que as barras de frutas e até mesmo alguns biscoitos de arroz podem ser repletos de açúcar? Lembre-se de que os alimentos processados tendem a ter açúcares ocultos e, embora convenientes, não lhe proporcionarão as mesmas vantagens nutricionais das proteínas e dos alimentos de origem vegetal à moda tradicional. Experimente cenoura crua cortada em palitos ou aipo com homus, ou um punhado de nozes – sem deixar de incluí-los em sua contagem diária de calorias.

Não é aconselhável beliscar o tempo todo, mesmo que sejam alimentos ricos em nutrientes e com poucas calorias. Parte do motivo para isso está no objetivo do jejum, que é reeducar seu apetite; portanto, não o estimule demais. Se a sua boca estiver desesperada por atenção, dê-lhe algo para beber.

Quais são as implicações de escorregar no jejum e comer umas batatinhas ou um biscoito?

Vamos deixar uma coisa clara: este é um livro sobre jejum, ou seja, a prática de abster-se voluntariamente da ingestão de alimentos. Os motivos pelos quais isso é bom para você vão muito além da mera ingestão de uma quantidade menor de calorias. Os benefícios ocorrem porque nosso organismo foi projetado para jejuns intermitentes. Como vimos, o termo científico é hormese – o que não mata fortalece. Assim, embora a fome seja ruim, um pouco de restrição alimentar de breve duração faz bem.

Seu objetivo, portanto, é criar um intervalo livre de comida para o seu corpo. Chegar a 510 calorias (ou 615 para os homens) não mata – não vai destruir seu jejum. Na verdade, a ideia de cortar calorias a um quarto da ingestão diária nos dias de jejum é aquela que, segundo estudos clínicos, comprovadamente tem efeitos sistêmicos sobre o metabolismo. Embora não exista nenhuma magia específica nas 500 ou 600 calorias, tente ater-se a esses números; você precisa de parâmetros claros para tornar a estratégia eficaz a médio prazo.

Comer um biscoito a mais em um dia de jejum seria antiético com relação a seus objetivos (sem falar no fato de que o biscoito elevaria seus níveis de açúcar no sangue e você consumiria em uma única mordida praticamente a quantidade de calorias permitida em um dia inteiro de jejum). Quando está jejuando, você precisa refletir com coerência e sensatez sobre suas escolhas alimentares, seguindo o plano aqui apresentado. Exercite sua força de vontade e lembre-se de que amanhã vai poder comer o que quiser.

Posso usar shakes *como substitutos das refeições para superar os primeiros dias?*

Diversas pessoas que experimentaram o jejum afirmam que os *shakes* comerciais usados como substitutos de refeições as ajudaram a passar pelas semanas iniciais do jejum intermitente, que normalmente são as mais difíceis. Tomar *shakes* é mais simples do que contar calorias, e você pode fazer uso deles nos dias de jejum. Não gostamos muito dessa opção; em nossa opinião, comida de verdade é melhor, mas, se você os considerar úteis, vá em frente. Procure, porém, uma marca que use pouco açúcar.

Devo tomar algum suplemento durante meu jejum?

A Dieta dos 2 Dias é um método intermitente, não um regime de privação; sendo assim, sua ingestão nutricional de uma variedade de fontes de alimentos deve permanecer relativamente uniforme ao longo do tempo, fornecendo todas as vitaminas e minerais de que você necessita. Se, como recomendado, nos dias de jejum você se concentrar em proteínas, legumes e verduras, eles lhe proporcionarão tudo o que você precisa sem que seja necessário recorrer aos caros polivitamínicos industrializados. No entanto, escolha com cuidado os alimentos para os dias de jejum, de modo a garantir, ao longo de uma semana, o consumo de quantidade adequadas de vitaminas do complexo B, ômega-3, cálcio e ferro. Seja sensato e alimente-se bem. Embora não sejamos fãs de vitaminas e minerais industrializados, se um profissional da saúde qualificado tiver sugerido determinado suplemento, você deve continuar a usá-lo.

Devo me exercitar nos dias de jejum?

Por que não? No interesse da flexibilidade e da normalidade, não existe razão para modificar seu padrão habitual de atividade nos dias de jejum. Pesquisas demonstram que um jejum ainda mais radical, de três dias, não tem nenhum efeito negativo sobre a capacidade de executar exercícios curtos de alta intensidade ou exercícios de intensidade moderada e de longa duração. Os atletas parecem não apresentar perda de desempenho durante jejuns ocasionais; um estudo de 2008 realizado com jogadores de futebol tunisianos durante o Ramadã revelou que o jejum não teve efeito sobre o desempenho dos atletas. ("Cada jogador foi avaliado nos quesitos velocidade, potência, agilidade, resistência e habilidade de realizar passes e dribles. O jejum não afetou negativamente nenhuma dessas variáveis."[26]) Na verdade treinar em jejum pode resultar em melhores adaptações metabólicas[27] (o que significa melhor desempenho ao longo do tempo), melhor síntese da proteína muscular[28] e melhor resposta anabólica à alimentação pós-exercício.[29]

Praticar exercícios físicos em jejum acaba sendo benéfico em vários níveis, induzindo o corpo a queimar um maior percentual de gordura como combustível, em vez de utilizar os carboidratos consumidos recentemente. Não se esqueça: se você está queimando gordura, não a está armazenando. Como vimos, um estudo recente descobriu que exercitar-se antes do café da manhã é benéfico para o desempenho metabólico e o emagrecimento.[30] Esse mesmo estudo, informa o *The New York Times*, indica que o exercício realizado antes do café da manhã "mitiga os efeitos prejudiciais dos excessos alimentares" – o que torna a prática de exercícios em jejum uma maneira prática de combater o efeito dos excessos alimentares da ceia de Natal.[31] De acordo com os autores do estudo: "Nossos dados atuais indicam que exercícios praticados no estado de jejum são mais eficazes do que exercícios praticados depois que o indivíduo ingere carboidratos." Dá o que pensar.

Existem diferenças de gênero na resposta ao jejum intermitente?

Com certeza existem diferenças metabólicas e hormonais entre homens e mulheres; por razões evolutivas, armazenamos e usamos a gordura de maneiras diferentes. As mulheres têm mais gordura, são melhores em armazená-la e tendem a ser mais eficientes na queima de gordura em resposta ao exercício.[32]

Embora poucos estudos tenham sido realizados, alguns indícios sugerem que as mulheres que jejuam respondem melhor ao treinamento de resistência do que à musculação,[33] ao passo que os homens se saem melhor com pesos. Em geral, exercitar-se de estômago vazio é mais fácil para os homens do que para as mulheres.

Em termos de saúde geral, os benefícios do jejum ocasional, de curto prazo, para ambos os sexos estão bastante claros. Embora tenham sido realizados alguns estudos humanos com voluntários do sexo masculino, outros foram realizados com um grupo misto ou predominantemente de voluntárias do sexo feminino. As participantes dos estudos da Dra. Michelle Harvie (mais de 200 pessoas) eram todas mulheres. Seus resultados são impressionantes e positivos, embora seja necessário realizar estudos adicionais para analisar os efeitos precisos do jejum nos hormônios, sobretudo entre as mulheres de diferentes faixas etárias. Como em todas as recomendações apresentadas neste livro, seja cauteloso. O objetivo do jejum não é ser uma luta; seu propósito é ser um caminho bem-definido rumo à boa saúde. Se, por um motivo qualquer, curtos períodos de jejum afetarem seu ciclo menstrual ou seu padrão de sono, modifique sua abordagem até encontrar um equilíbrio que funcione a seu favor.

Estou tentando engravidar; posso seguir a Dieta dos 2 Dias?

Não. Ponto final. A ciência ainda está engatinhando e não foram realizados testes clínicos suficientes que nos permitam avaliar os efeitos totais do jejum limitado sobre a fertilidade; portanto, é melhor sempre pecar pelo excesso do que pela falta de cuidado. Se já estiver grávida, não jejue.

O jejum é absolutamente proibido para crianças; elas ainda estão em crescimento e não devem ser submetidas a nenhum tipo de estresse nutricional. Do mesmo modo, se você tiver um problema de saúde, consulte primeiro seu médico, como faria antes de iniciar qualquer regime de emagrecimento.

Quem mais não deve praticar o jejum?

Se você estiver em boas condições de saúde, jejuns curtos (que devem incluir 500 ou 600 calorias nos dias de jejum) não devem lhe fazer mal algum. Se estiver tomando alguma medicação, não deixe de consultar seu médico antes. Existem certos grupos de pessoas para os quais o jejum não é aconselhável. Entre eles estão os diabéticos tipo 1, bem como pessoas que sofram de transtornos alimentares.

Se você já está extremamente magro, não jejue. Crianças nunca devem jejuar, portanto, este programa destina-se apenas a indivíduos com mais de 18 anos.

Vou sentir dor de cabeça?

Se sentir, pode ser por causa da desidratação, não pela falta de calorias. Talvez você apresente sintomas brandos de abstinência de açúcar (ou cafeína, se tiver parado de consumir alimentos que contenham essa substância), mas a brevidade do seu jejum não deve fazer disso um motivo de preocupação. Continue bebendo bastante água. Trate a dor de cabeça como trataria normalmente. Se hoje o jejum está fazendo você sentir-se mal, interrompa-o. Você está no controle.

Devo me preocupar com a possibilidade de hipoglicemia?

Se suas condições de saúde estão relativamente boas, seu corpo é uma máquina eficiente e funcional, capaz de regular com eficácia os níveis de açúcar no sangue – na verdade, ele é feito para isso. É muito pouco provável que o jejum de curto prazo cause uma reação hipoglicêmica. A ideia divulgada nos últimos tempos de que precisamos beliscar para evitar uma "queda brusca do açúcar no sangue" é um mito. Se você seguir as diretrizes aqui estabelecidas e ingerir alimentos com IG baixo em um dia de jejum, sua glicose deve permanecer estável. Só não exagere. Se jejuar por longos períodos, mais do que o programa alimentar modificado de 24 horas de jejum de duas vezes por semana recomendado aqui, poderá apresentar queda na pressão arterial, hipoglicemia e tonteira. Portanto, seja cauteloso. Se tiver diabetes tipo 2, consulte seu médico antes de adotar *qualquer* mudança alimentar.

Vou sentir cansaço?

O jejum modificado de curto prazo deliberado não reduz os níveis de energia – alguns praticantes do jejum disseram inclusive sentir mais energia nos dias de jejum e nos dias seguintes. Não foi o que constataram alguns estudos, sugerindo que, como acontece na vida normal, você sem dúvida terá dias em que vai se sentir mais ativo e dias em que vai se sentir menos ativo, dias bons e dias ruins. Pelos relatos não comprovados cientificamente, os adeptos do jejum intermitente que conhecemos declaram sentir um aumento nos níveis de energia, não sua redução. Veja como você se sente. Talvez descubra que um dia de jejum termina mais cedo do que os outros – ir para cama mais cedo, não beber e dormir bem são ótimas maneiras de apressar a chegada do café da manhã no dia seguinte.

Mas eu irei dormir com fome?

Provavelmente não, mas vai depender de seu metabolismo e de como você distribuiu seu consumo de calorias nos dias de jejum.

Se sentir fome, tente se distrair – tome um banho de banheira, leia um bom livro, saia para caminhar, tome uma xícara de chá de ervas. Faça da psicologia sua aliada: parabenize-se ao chegar ao fim de mais um dia de jejum. Surpreendentemente, talvez, os adeptos do jejum relatam que não acordam com uma fome voraz, correndo para a geladeira assim que o alarme dispa-

Surpreendentemente, talvez, os adeptos do jejum relatam que não acordam com uma fome voraz, correndo para a geladeira assim que o alarme dispara. A fome é algo controlável, e logo seu apetite encontrará um ritmo próprio.

ra. A fome é algo controlável, e logo seu apetite encontrará um ritmo próprio.

Meu corpo vai entrar no "modo fome" e se recusar a queimar gordura?

Como você não está restringindo calorias todos os dias, seu corpo não vai entrar no "modo fome". Seu jejum nunca será intenso. Será sempre conservador e breve, por isso, seu corpo queimará energia dos depósitos de gordura, sem consumir tecido muscular. Pesquisas mostram que o jejum ocasional não reprime o metabolismo.[34] Nem mesmo os jejuns mais radicais – um jejum absoluto de três dias consecutivos[35] ou em dias alternados durante três semanas[36] – geram diminuição da taxa metabólica basal.

O jejum intermitente também não eleva os níveis de grelina, o hormônio da fome. Pesquisadores do Centro Pennington de Pesquisas Médicas, na Louisiana, revelaram que "os níveis do hormônio grelina permaneceram inalterados tanto em homens quanto em mulheres, mesmo depois de 36 horas de jejum".[37] Se você seguir a abordagem moderada e criteriosa que recomendamos aqui, você verá que um breve período sem comida é um caminho cientificamente indicado para a saúde e o bem-estar.

E se todos à minha volta estiverem comendo em um dos meus dias de jejum?

Participe dos eventos que envolverem comida, mas sem fazer alarde. Embora o apoio dos amigos e familiares seja valioso, chamar atenção demais para o seu jejum só o deixará constrangido, transformando a dieta em um entrave, um problema, e não em algo que deveria entrar naturalmente em sua vida. Lembre-se do seu grande trunfo: amanhã você vai poder se alimentar sem restrições.

Alguns dias, é claro, são mais difíceis do que outros. Naturalmente, você pode sentir mais fome e menos disposição para jejuar quando precisa comparecer a alguma festa ou participar de eventos que girem em torno de comida. Quando você souber que terá um evento social, jejue no dia anterior ou um dia depois.

A flexibilidade do programa significa explicitamente – na verdade, exige – que você continue participando de eventos como casamentos, aniversários, jantares comemorativos, batizados, happy hours, etc. Faça um intervalo no Natal, na Páscoa e em outras datas festivas. Sim, talvez você engorde um pouco, mas isso é a vida, não uma condenação à prisão perpétua. Você pode sempre sair dos trilhos e comer bobagens e, depois que a festa acabar, voltar a um jejum mais desafiador.

E se eu estiver obeso?

Estudos clínicos concluíram que o jejum intermitente é uma maneira sustentável – na verdade, uma das mais eficazes – de pessoas obesas emagrecerem e não voltarem a engordar. Quanto mais pesado você estiver, mais deve emagrecer inicialmente. Se está obeso, é provável que, por algum motivo, as dietas restritivas tradicionais não tenham dado certo para você. A Dieta dos 2 Dias é diferente por causa da flexibilidade que oferece, da guerra à culpa e por permitir "alimentos que proporcionam prazer" nos outros cinco dias. Estudos realizados pela Dra. Michelle Harvie e pelo professor Tony Howell, citados anteriormente, mostraram que a maioria das mulheres obesas consegue se adaptar à restrição calórica duas vezes por semana e perder uma quantidade significativa de gordura, mesmo aquelas que têm problemas de peso de longa data. Mais uma vez, se você tiver algum problema de saúde subjacente, é recomendável que jejue apenas sob supervisão médica.

Devo acrescentar um terceiro dia se quiser resultados mais rápidos?

Como Michael escreveu anteriormente, há muitos indícios científicos, obtidos com os experimentos realizados pela Dra. Krista Varady e sua equipe, dos benefícios de um jejum intermitente mais rigoroso. Eles fizeram um grande número de estudos controlados em que os voluntários seguiram o JDA. Essa forma de jejum intermitente implica cortar calorias dia sim, dia não, sendo a ingestão máxima de 500 calorias para mulheres e 600 para homens. A maioria dos participantes desse estudo perdeu bastante peso, sobretudo gordura, e viu melhoras nítidas em alguns marcadores sanguíneos, incluindo o colesterol.

Já sou magro, mas gostaria de desfrutar dos benefícios do jejum intermitente para a saúde. Isso é possível?

Mesmo já tendo um peso razoável, adequado, você pode jejuar com eficácia, mas seria importante adaptar seu consumo nos outros cinco dias e incluir maior quantidade de alimentos ricos em calorias. Os principais pesquisadores nessa área que consultamos são todos magros e ainda jejuam. Com a prática, você vai descobrir um equilíbrio adequado entre jejum e alimentação que manterá seu peso na faixa recomendada. Outra alternativa seria fazer um dia de jejum a cada oito a dez dias, e não duas vezes por semana. Não foram realizados estudos analisando os efeitos desse método, portanto, use o bom senso e fique de olho na balança; não deixe seu peso cair demais. Por outro lado, se você já for extremamente magro ou se sofrer de algum transtorno alimentar, nenhum tipo de jejum é aconselhável. Na dúvida, consulte seu médico.

É tarde demais para começar?

Ao contrário, não há tempo a perder. A Dieta dos 2 Dias provavelmente prolongará sua vida. Ela vai moderar seu apetite e ajudá-lo a emagrecer. Seus efeitos se fazem sentir com rapidez, em geral uma semana depois que você inicia os jejuns duas vezes por semana. Tudo aponta para uma velhice mais saudável, mais magra, mais longa, menos visitas ao médico, mais energia e maior resistência às doenças. Nosso conselho? Comece ontem!

A Dieta dos 2 Dias provavelmente prolongará sua vida. Ela vai moderar seu apetite e ajudá-lo a emagrecer. Seus efeitos se fazem sentir com rapidez, em geral uma semana depois que você inicia os jejuns duas vezes por semana.

Por quanto tempo devo continuar?

É interessante notar que o esquema da Dieta dos 2 Dias se assemelha muito à abordagem de muitas pessoas que são naturalmente magras. Em alguns dias, comem como um passarinho, em outros, se empanturram de comida. A longo prazo, é assim que a Dieta dos 2 Dias funciona. Ao se acostumar com a rotina, você vai moderar sua ingestão calórica nos dias de jejum e nos outros dias, até que o processo se torne natural. Quando atingir o peso almejado, poderá alterar a frequência com que jejua. Faça como for mais adequado. Mas mantenha-se alerta, não desista. O objetivo é realizar uma mudança de vida permanente. Não estamos falando de um modismo. A Dieta dos 2 Dias é o caminho para o emagrecimento duradouro. Aceite que é algo que você fará, da maneira que lhe for mais adequada, pela vida toda.

O futuro do jejum: o que vem por aí?

O jejum, como mencionamos no início, é praticado há milhares de ano; no entanto, a ciência está apenas começando a engatinhar na compreensão de seus efeitos. Os primeiros indícios dos benefícios da restrição calórica a longo prazo foram encontrados há pouco mais de 80 anos, quando nutricionistas que trabalhavam com ratos na Universidade Cornell descobriram que, se restringissem drasticamente a quantidade de alimentos ingeridos, os camundongos viveriam mais. Muito mais.

Desde então, surgem cada vez mais indícios de que os animais não apenas vivem mais e com mais saúde se submetidos à restrição calórica, mas também que os mesmos benefícios podem ser obtidos com o jejum intermitente. Recentemente, as pesquisas passaram dos roedores para os seres humanos, e estamos constatando os mesmos padrões de benefícios.

E agora, para onde vamos? O Dr. Valter Longo, responsável por grande parte do trabalho pioneiro com o IGF-1, está realizando uma série de estudos com seres humanos, juntamente com colegas da Universidade Southern California, examinando o impacto do jejum no câncer. Eles já demonstraram que o jejum reduz o risco de desenvolvimento de câncer; agora querem ver se o jejum também aumenta a eficácia da quimioterapia e da radioterapia.

A Dra. Michelle Harvie e o professor Tony Howell, que trabalham no Centro de Prevenção do Câncer de Mama em Manchester, realizaram um trabalho fascinante ao desenvolverem e testarem diferentes formas de restrição calórica intermitente de dois dias na semana. Neste livro, citamos alguns de seus estudos, envolvendo centenas de voluntárias. Eles mostraram que as pessoas podem perder peso por restrição calórica intermitente com a mesma eficácia com que perdem peso submetendo-se a uma restrição calórica diária.

O Dr. Mark Mattson, do Instituto Nacional para o Envelhecimento, dos Estados Unidos, continua gerando relatórios sobre suas pesquisas que tratam dos efeitos do jejum e do jejum intermitente no cérebro. Estamos particularmente interessados em ver o resultado de alguns de seus estudos atuais, que examinam em profundidade o que acontece com o cérebro de voluntários humanos submetidos a um regime de jejum intermitente.

Além disso, sua equipe está analisando terapias com medicamentos, pois sabe que, apesar dos benefícios, muitas pessoas talvez não estejam dispostas a jejuar. Ele e sua equipe estão, por exemplo, estudando uma droga chamada Byetta, usada no tratamento do diabetes, que também parece ativar a produção do BDNF (fator neurotrófico derivado do cérebro). Como vimos, suspeita-se que o BDNF proteja o cérebro contra os danos provocados pelo envelhecimento. A esperança é que a droga Byetta, ou outra semelhante, possa prevenir a demência ou, pelo menos, retardar significativamente sua progressão.

Até agora, o jejum intermitente foi um dos segredos mais bem guardados da ciência. Aguardamos com grande interesse pessoal o desenrolar desta história.

CAPÍTULO 3

Sugestões de cardápio

Dicas culinárias para os dias de jejum

1. Fique à vontade para aumentar as quantidades de vegetais folhosos de baixa caloria e IG baixo aqui sugeridas. É difícil exagerar nas folhas e, se você precisar de volume, é nelas que você pode consegui-lo. Legumes e verduras grelhados são saborosos; mas o melhor é cozinhá-los levemente no vapor.
2. Algumas hortaliças são ainda mais benéficas depois de cozidas; outras devem ser consumidas cruas (ver detalhes na página 107). O cozimento de alguns vegetais – entre eles cenoura, espinafre, cogumelos, aspargos, repolho e pimentão – abranda estruturas sem destruir as vitaminas, permitindo que você absorva melhor os nutrientes. No caso de hortaliças cruas, um bom fatiador ou um ralador tornam seu preparo fácil e rápido.

3. Em dias de jejum, você deve consumir pouca gordura, mas não se prive totalmente de seu consumo. Uma colher (chá) de azeite de oliva pode ser usada para cozinhar ou para temperar os legumes e verduras, conferindo-lhes sabor. Além disso, os cardápios incluem nozes e castanhas e carnes gordas, como carne de porco. Acrescente um molho leve às suas saladas; isso faz com que as vitaminas lipossolúveis sejam mais bem absorvidas.
4. O ácido do limão ou da laranja em molhos permite que você absorva uma quantidade maior de ferro de folhas como espinafre e couve. Agrião com laranja é uma ótima combinação; experimente acrescentar sementes de gergelim, de girassol ou amêndoas, que conferem proteína e textura crocante.
5. Sempre cozinhe em panelas antiaderentes para reduzir o consumo de gorduras muito calóricas. Se o alimento começar a grudar na panela durante o cozimento, acrescente um pouco de água, em vez de mais óleo.
6. Pese os alimentos *depois* de prepará-los (limpar, descascar, picar, fatiar, etc.) para que a contagem de calorias fique exata. Você precisará investir em uma balança de cozinha.
7. Derivados do leite também estão incluídos: opte por queijos light e leite desnatado ou semidesnatado; prefira versões light ao iogurte integral. Esqueça o café com leite e corte a manteiga nos dias de jejum – são armadilhas calóricas.
8. Da mesma forma, evite carboidratos ricos em amido (pão, batatas, massas), preferindo carboidratos com IG baixo, como legumes, verduras, feijões e lentilhas e cereais integrais de cozimento lento. Opte por arroz inte-

gral e quinoa. Um mingau de aveia (preparado com água) no café da manhã vai mantê-lo mais satisfeito por mais tempo do que cereal frio e cru.

9. Não deixe de incluir fibras nos dias de jejum: saboreie maçã e pera com casca, coma aveia no café da manhã e não deixe de lado as folhas verdes, como espinafre e hortelã.
10. Acrescente sabor ao que puder: pimenta moída acentua o sabor de qualquer prato. Vinagres, inclusive o balsâmico, conferem acidez. Acrescente também ervas frescas – elas praticamente não contêm calorias, mas dão personalidade à comida.
11. As proteínas prolongam a sensação de saciedade. Prefira fontes com baixo teor de gordura, inclusive nozes, castanhas e feijões. Tire a pele e a gordura das carnes antes de prepará-las. As proteínas prolongam a sensação de saciedade.
12. A sopa pode ser uma salvação nos dias de jejum, em especial se você escolher um caldo leve, com vegetais folhosos (missô é o ideal). A sopa sacia e é uma boa maneira de usar os ingredientes que já estão na geladeira.
13. Use agave como adoçante, se necessário; tem IG baixo.

Cardápios de 500 calorias por dia

Dia 1

Café da manhã (142 calorias)

1/2 xícara (chá) rasa de queijo cottage light (78 calorias)

1 pera pequena fatiada (40 calorias)

1 figo médio fresco (24 calorias)

Jantar (352 calorias)

SASHIMI (327 calorias)

3 a 5 sashimis de salmão (100g/180 calorias) e 3 a 5 de atum (100g/136 calorias)

2 colheres (chá) de molho de soja tipo shoyu, light (2 calorias)

Wasabi

Gengibre em conserva (9 calorias)

1 tangerina pequena (25 calorias)

Total do dia: 494 calorias

Dia 2

Café da manhã (190 calorias)

Mingau de aveia preparado com 50g de aveia integral (160 calorias) e água

1/2 xícara (chá) rasa de mirtilos frescos (30 calorias)

Jantar (306 calorias)

FRANGO SALTEADO (281 calorias)

Corte um filé de peito de frango de 150g em tiras (148 calorias). Em uma frigideira antiaderente, junte 1 colher (chá) de azeite de oliva (27 calorias), 1 colher (chá) de gengibre picadinho (2 calorias), 1 colher (sopa) de coentro picado (3 calorias), 1 dente de alho amassado (3 calorias), 2 colheres (chá) de molho de soja (3 calorias) e o sumo de 1/2 limão-siciliano médio (1 caloria). Acrescente o frango e deixe saltear até ficar levemente dourado. Se começar a grudar na frigideira, adicione água.

Acrescente 1/2 xícara (chá) de ervilha torta (12 calorias), 1 1/2 xícara (chá) de repolho bem picadinho (26 calorias) e 2 cenouras grandes descascadas e cortadas em tiras finas (56 calorias). Salteie por 5 a 10 minutos ou mais, até o frango ficar bem cozido. Adicione mais água, se necessário.

1 tangerina pequena (25 calorias)

Total do dia: 496 calorias

Dia 3

Café da manhã (125 calorias)

1 ovo pequeno cozido (90 calorias)

1/2 grapefruit médio (toranja) (35 calorias)

Jantar (371 calorias)

CHILI VEGETARIANO (258 calorias)

Leve a uma frigideira antiaderente 1 colher (chá) de azeite de oliva (27 calorias), 1 dente de alho picado (3 calorias) e 1/2 pimenta chili vermelha grande e fresca, sem sementes e bem picada (3 calorias). Acrescente uma pitada de cominho em pó e 2 cogumelos brancos pequenos ou 1 cogumelo branco grande picado (3 calorias). Cozinhe por 5 minutos, acrescentando água se grudar na frigideira.

Adicione 200g de tomate picado e água suficiente para cobri-los (32 calorias) e 1 e 1/2 xícara (chá) de feijão-vermelho cozido e sem caldo (190 calorias). Cozinhe a mistura em fogo brando por 10 minutos.

Sirva com 1/2 xícara (chá) de arroz integral cozido (113 calorias).

Total do dia: 496 calorias

Dia 4

Café da manhã (178 calorias)

120g de salmão defumado (132 calorias)

2 biscoitos tipo cream-cracker integrais (35 calorias)

1 colher (chá) de *cream cheese* light (11 calorias)

Jantar (322 calorias)

SALADA TAILANDESA (322 calorias)

Coloque de molho em água fervente 50g de macarrão de arroz (194 calorias) por 15 minutos, ou de acordo com as instruções da embalagem.

Misture em uma saladeira 2 colheres (chá) de molho de peixe tailandês (20 calorias), o sumo de 1 limão pequeno (1 caloria), 1 colher (chá) de açúcar (16 calorias), 2 cebolinhas (partes branca e verde) picadas (5 calorias) e 1 pimenta chili vermelha bem pequena, picada (1 caloria). Misture bem. Acrescente 10 camarões pequenos cozidos e sem casca (30 calorias) e 2 cenouras grandes sem casca, raladas (55 calorias). Escorra o macarrão e adicione os temperos da tigela. Misture bem.

Total do dia: 500 calorias

Dia 5

Café da manhã (171 calorias)

SMOOTHIE DE MORANGO (171 calorias)

Leve ao liquidificador 1 banana pequena (95 calorias), 1/2 xícara (chá) de iogurte natural light (62 calorias), 7 morangos médios picados (14 calorias), um pouco de água e gelo picado até obter uma textura cremosa. Sirva imediatamente.

Jantar (325 calorias)

TILÁPIA AO FORNO (202 calorias)

Preaqueça o forno a 200°C. Unte uma assadeira pequena com óleo vegetal em spray. Arrume um filé de tilápia de 200g a 230g (202 calorias) na assadeira e tempere com ervas desidratadas ou use tempero pronto em pó, de sua preferência. Asse por 15 a 20 minutos, até cozinhar bem.

Sirva com um ovo poché pequeno (90 calorias) e 2/3 de xícara (chá) de brócolis levemente cozidos no vapor (33 calorias).

Total do dia: 496 calorias

Dia 6

Café da manhã (223 calorias)

1 maçã pequena fatiada (47 calorias)

1 manga pequena, sem casca e sem caroço, picada (86 calorias)

1 ovo pequeno cozido (90 calorias)

Jantar (267 calorias)

SALADA DE ATUM, FEIJÃO E ALHO (267 calorias)

Misture em uma saladeira 1 1/2 xícara (chá) de feijão branco cozido e sem caldo (108 calorias), 1 lata de 140g de atum sólido conservado em água, escorrido (119 calorias), 60g de tomate *grape* (16 calorias) e 1 xícara (chá) rasa de espinafre baby cru (8 calorias).

Em uma tigela pequena, misture 1 dente de alho amassado (3 calorias), o sumo e as raspas de 1 limão-siciliano (1 caloria), 1/2 colher (chá) de azeite de oliva (12 calorias) e um fio de vinagre de vinho branco. Despeje sobre a salada e misture bem.

Total do dia: 490 calorias

Dia 7

Café da manhã (140 calorias)

1 ovo pequeno cozido (90 calorias)

3 fatias finas de presunto sem gordura (25 calorias)

1 tangerina pequena (25 calorias)

Jantar (358 calorias)

PIZZA VEGETARIANA (358 calorias)

Preaqueça o forno a 200°C. Acrescente a uma tortilha integral de 20cm de diâmetro, ou uma fatia de pão árabe integral (144 calorias), 1 colher (sopa) de purê de tomate (5 calorias) e 60g de queijo muçarela fresco cortado em cubos (159 calorias). Espalhe nela cerca de 170g de legumes e verduras picados e ligeiramente cozidos no vapor (50 calorias), que podem ser: cogumelos, pimentão vermelho, abobrinha, cebola roxa, berinjela e espinafre. Tempere com orégano. Asse por 5 a 10 minutos, até derreter o queijo.

Total do dia: 498 calorias

Dia 8

Café da manhã (256 calorias)

OVOS MEXIDOS COM SALMÃO DEFUMADO (256 calorias)

Bata dois ovos pequenos (180 calorias) com 1 colher (sopa) de leite desnatado (5 calorias). Mexa os ovos em uma frigideira antiaderente até ficarem cozidos mas mantendo um pouco da umidade. Retire do fogo e acrescente 500g de salmão defumado cortado em tiras finas (71 calorias).

Jantar (244 calorias)

VEGETAIS ASSADOS COM VINAGRE BALSÂMICO E PARMESÃO (194 calorias)

Preaqueça o forno a 200°C. Unte uma assadeira com óleo vegetal em spray. Na assadeira, misture 10 tomates cereja (27 calorias), 1/2 abobrinha fatiada (9 calorias), 1/2 xícara (chá) de berinjela cortada em cubos (11 calorias) e 1 xícara rasa de pimentão vermelho cortado em fatias (50 calorias). Acrescente manjericão fresco (1 caloria) e regue com 1/2 xícara (chá) de vinagre balsâmico (6 calorias).

Asse por 20 a 25 minutos, mexendo de vez em quando, até as hortaliças ficarem macias e levemente douradas.

Polvilhe 1/4 de xícara (chá) de queijo parmesão ralado (90 calorias) antes de servir.

2 tangerinas pequenas (50 calorias)

Total do dia: 500 calorias

Dia 9

Café da manhã (130 calorias)

1/2 xícara (chá) de iogurte natural light (62 calorias)
1/4 de xícara (chá) de mirtilos frescos (18 calorias)
6 fatias finas de presunto sem gordura (50 calorias)

Jantar (360 calorias)

SALADA *NIÇOISE* COM QUEIJO *FETA* (360 calorias)

Cozinhe 1 ovo pequeno (90 calorias), descasque e pique. Em uma saladeira, misture o ovo com 1 folha média de alface romana fatiada (3 calorias), 1/4 de xícara (chá) de vagens picadas cozidas no vapor (12 calorias) e 1 xícara (chá) rasa de pepino com casca picado (10 calorias). Mexa bem.

Acrescente 2/3 de xícara (chá) rasa de queijo *feta* ou minas frescal esfarelado (225 calorias), 15g de azeitonas pretas sem caroço, picadas (19 calorias) e 1 colher (sopa) de salsinha picada (1 caloria). Regue com vinagre de vinho branco e sirva.

Total do dia: 490 calorias

Dia 10

Café da manhã (290 calorias)

OMELETE DE QUEIJO E TOMATE (290 calorias)

Bata 2 ovos pequenos (180 calorias) com 1 colher (sopa) de leite desnatado (5 calorias). Cozinhe sem mexer em uma frigideira antiaderente até a mistura firmar mas mantendo um pouco da umidade. Acrescente 2 tomates pequenos cortados em fatias bem finas (5 calorias) e 1 fatia de queijo prato (100 calorias). Retire do fogo, tampe e deixe descansar até o queijo derreter.

Jantar (209 calorias)

SALADA *CAPRESE* PARA O DIA DE JEJUM (191 calorias)

Corte em fatias 60g de queijo muçarela fresco (159 calorias) e 1 tomate caqui médio (26 calorias). Alterne as fatias em um prato. Cubra com folhas de manjericão fresco e regue com 1/2 colher (chá) de vinagre balsâmico (6 calorias).

1/2 xícara (chá) rasa de morangos picados (18 calorias)

Total do dia: 499 calorias

Cardápios de 600 calorias por dia

Dia 1

Café da manhã (283 calorias)

FRITADA DE COGUMELOS COM ESPINAFRE (245 calorias)

Frite em uma frigideira antiaderente 1/2 cebola média fatiada (27 calorias) com 1 colher (chá) de azeite de oliva (27 calorias), até ficar translúcida. Acrescente 2 cogumelos brancos pequenos ou 1 cogumelo branco grande picado (3 calorias) e cozinhe até os cogumelos ficarem tenros. Adicione 1 xícara (chá) rasa de espinafre baby (8 calorias) e cozinhe por mais 2 minutos. Acrescente 2 ovos pequenos batidos (180 calorias). Cozinhe sem mexer por 5 minutos.

1 xícara (chá) rasa de morangos inteiros (38 calorias)

Jantar (312 calorias)

ATUM COM LEGUMES GRELHADOS (312 calorias)

Corte 1 pimentão vermelho pequeno sem o cabo e sem sementes (38 calorias) e 1 abobrinha pequena (18 calorias) em fatias de 60mm de largura. Misture em uma tigela com 1 colher (chá) de azeite de oliva (27 calorias). Tempere. Aqueça o grill e grelhe os legumes durante 5 minutos de cada lado. Sirva em um prato e regue com sumo de limão-siciliano.

No mesmo grill, grelhe uma posta de atum de 200g (229 calorias), virando uma vez, até alcançar o ponto desejado. Transfira para o prato onde estão os legumes e tempere com mais sumo de limão-siciliano.

Total do dia: 595 calorias

Dia 2

Café da manhã (288 calorias)

2 ovos pequenos pochés (180 calorias)

1 fatia de torrada integral (78 calorias)

30 framboesas frescas (30 calorias)

Jantar (304 calorias)

SALMÃO AO FORNO COM TOMATES (279 calorias)

Preaqueça o forno a 200°C. Unte uma assadeira pequena com óleo vegetal em spray. Coloque na assadeira um filé de salmão sem pele de aproximadamente 140g (252 calorias) e 10 tomates cereja (27 calorias). Asse por 15 a 20 minutos, até o peixe cozinhar.

Sirva com 1/2 xícara (chá) de vagens cozidas no vapor em fatias (25 calorias).

Total do dia: 592 calorias

Dia 3

Café da manhã (308 calorias)

MÜSLI MATINAL (308 calorias)

Misture 2⁄3 de xícara (chá) de aveia em flocos (201 calorias) com 1 maçã pequena ralada, com casca (47 calorias). Acrescente 2⁄3 de xícara (chá) de leite desnatado (60 calorias). Deixe de molho rapidamente para amolecer.

Jantar (292 calorias)

SALADA *CAESAR* SEM CARBOIDRATO (292 calorias)

Aqueça o grill em temperatura média-alta. Grelhe 2 fatias de bacon de lombo (canadense) (86 calorias) por 4 a 5 minutos, virando uma vez. Reserve até esfriar e, em seguida, pique grosseiramente.

Corte um filé de peito de frango de 150g (148 calorias) ao meio, obtendo dois filés mais finos. Grelhe por 3 a 4 minutos de cada lado, até cozinhar bem. Corte em cubinhos. Coloque o frango em um leito de aproximadamente 2 xícaras (chá) de alface-romana picada (16 calorias). Salpique 1 colher (sopa) de queijo parmesão ralado (22 calorias) e regue com 1 colher (sopa) de molho *caesar* light (20 calorias).

Acrescente o bacon.

Total do dia: 600 calorias

Dia 4

Café da manhã (340 calorias)

OMELETE DE QUEIJO E TOMATE (290 calorias)

Bata 2 ovos pequenos (180 calorias) com 1 colher (sopa) de leite desnatado (5 calorias). Cozinhe, sem mexer, em uma frigideira antiaderente até a mistura firmar, mas mantendo um pouco da umidade. Acrescente 2 tomates pequenos cortados em fatias bem finas (5 calorias) e 1 fatia de queijo prato (100 calorias). Retire do fogo, tampe e deixe descansar até o queijo derreter.

2 tangerinas (50 calorias)

Jantar (260 calorias)

BIFE À ESCABECHE E SALADA ASIÁTICA DE REPOLHO (260 calorias)

Deixe marinar um bife de filé mignon de 90g (120 calorias) em uma mistura de 1 colher (chá) de molho de soja tipo shoyu light (1 caloria), sumo de 1 limão pequeno (2 calorias) e 1 dente de alho amassado (3 calorias), por cerca de 10 minutos. Aqueça o grill em temperatura média-alta. Tire o filé da marinada e grelhe ao ponto desejado, virando uma vez. Reserve.

Para a salada asiática de repolho: em uma tigela, misture 1 cenoura pequena descascada e ralada (18 calorias), 1 1/2 (chá) xícara de couve-lombarda cortada em tiras (24 calorias) e 1/2 molho de coentro picado (1 caloria). Em outra tigela, misture 1 colher (chá) de açúcar (16 calorias) com 1 colher (sopa) de molho de peixe pronto, tipo tailandês (10 calorias), sumo de 1 limão pequeno (2 calorias) e 1 dente pequeno de alho amassado

(3 calorias). Despeje sobre a salada e misture, incorporando bem. Arrume no prato. Fatie o filé e disponha sobre a salada. Finalize com 1 colher (sopa) de amendoim sem sal torrado e picado (60 calorias).

Total do dia: 600 calorias

UM MÊS DE REFEIÇÕES DE 500 CALORIAS

Café da manhã: Queijo cottage, pera fatiada e um figo fresco.

142 calorias

(Ver página 130)

Jantar: Sashimi de salmão e atum com molho de soja, wasabi, gengibre em conserva, e uma tangerina.

352 calorias

(Ver página 130)

Total de calorias: 494

Café da manhã: Mingau de aveia com mirtilos.

190 calorias

(Ver página 131)

Jantar: Frango salteado e uma tangerina.

306 calorias

(Ver página 131)

Total de calorias: 496

Café da manhã: Ovo cozido e meio grapefruit (toranja).

125 calorias

(Ver página 132)

Jantar: Chili vegetariano com arroz integral.

371 calorias

(Ver página 132)

Total de calorias: 496

Café da manhã: Salmão defumado e biscoito com *cream cheese* light.

178 calorias

(Ver página 133)

Jantar: Salada tailandesa.

322 calorias

(Ver página 133)

Total de calorias: 500

Café da manhã: Maçã fatiada, manga e um ovo cozido.

223 calorias

(Ver página 135)

Jantar: Salada de atum, feijão e alho. Molho: alho amassado, raspas e sumo de limão-siciliano e vinagre de vinho branco.

267 calorias

(Ver página 135)

Total de calorias: 490

Café da manhã: Ovo cozido, fatias de presunto e uma tangerina.

140 calorias

(Ver página 136)

Jantar: Pizza vegetariana.

358 calorias

(Ver página 136)

Total de calorias: 498

Café da manhã: Ovos mexidos com salmão defumado.

256 calorias

(Ver página 137)

Jantar: Vegetais assados com parmesão e duas tangerinas.

244 calorias

(Ver página 137)

Total de calorias: 500

Café da manhã: Iogurte light com mirtilos e seis fatias de presunto.

130 calorias

(Ver página 138)

Jantar: Salada *niçoise* com queijo *feta*.

360 calorias

(Ver página 138)

Total de calorias: 490

UM MÊS DE REFEIÇÕES DE 600 CALORIAS

Café da manhã: Fritada de cogumelos com espinafre e uma xícara de morangos.

283 calorias

(Ver página 140)

Jantar: Atum com legumes grelhados.

312 calorias

(Ver página 140)

Total de calorias: 595

Café da manhã: Dois ovos pochés sobre uma fatia de torrada integral e um prato de framboesas.

288 calorias

(Ver página 141)

Jantar: Salmão ao forno com tomate cereja e vagem.

304 calorias

(Ver página 141)

Total de calorias: 592

Café da manhã: Müsli com maçã ralada.

308 calorias

(Ver página 142)

Jantar: Salada *caesar* sem carboidrato.

292 calorias

(Ver página 142)

Total de calorias: 600

Café da manhã: *English breakfast* modificado.

185 calorias

(Ver página 145)

Jantar: Pargo ou cavala e tomates *en papillote* com brócolis.

415 calorias

(Ver página 145)

Total de calorias: 600

Café da manhã: Iogurte light, banana fatiada, morango, mirtilo e amêndoas.

279 calorias

(Ver página 146)

Jantar: Salada de camarão, agrião e abacate, e uma tangerina.

320 calorias

(Ver página 146)

Total de calorias: 599

Café da manhã: Ovos cozidos, aspargos, torrada integral e duas ameixas.

331 calorias

(Ver página 148)

Jantar: Salada com carne à moda tailandesa.

260 calorias

(Ver página 148)

Total de calorias: 591

Café da manhã: Salmão defumado com limão.

199 calorias

(Ver página 149)

Jantar: Lombo de porco assado com couve-flor e brócolis.

396 calorias

(Ver página 149)

Total de calorias: 595

Café da manhã: Iogurte light com banana fatiada e müsli.

205 calorias

(Ver página 150)

Jantar: Sopa de feijão-manteiga com bacon.

386 calorias

(Ver página 150)

Total de calorias: 591

Dia 5

Café da manhã (185 calorias)

ENGLISH BREAKFAST MODIFICADO (185 calorias)

Frite 1 1/2 tira de bacon cortado em fatias grossas (107 calorias) até ficar crocante. Aqueça 1 salsicha light pequena (67 calorias). Grelhe 1 cogumelo *portobello* pequeno (3 calorias). Disponha tudo sobre 1 xícara (chá) rasa de espinafre baby (8 calorias).

Jantar (415 calorias)

PARGO OU CAVALA E TOMATES *EN PAPILLOTE* (381 calorias)

Preaqueça o forno a 200°C. Corte um quadrado de papel-alumínio e unte ligeiramente com óleo vegetal em spray. Arrume no papel-alumínio 2 tomates médios fatiados (30 calorias), acrescentando por cima um filé de pargo ou cavala de 170g (351 calorias). Asse por 10 a 15 minutos ou até o peixe ficar cozido. Transfira para um prato e abra com cuidado.

Sirva com 2/3 de xícara (chá) de flores de brócolis ligeiramente cozidas no vapor (33 calorias), temperadas com sumo de 1/2 limão-siciliano pequeno (1 caloria) e uma pitada de sal.

Total do dia: 600 calorias

Dia 6

Café da manhã (279 calorias)

1/2 xícara (chá) de iogurte natural light (62 calorias)
1 banana pequena fatiada (80 calorias)
5 morangos grandes (20 calorias)
1/3 de xícara (chá) de mirtilos (25 calorias)
6 amêndoas picadas (92 calorias)

Jantar (320 calorias)

SALADA DE CAMARÃO, AGRIÃO E ABACATE (295 calorias)

Em uma saladeira, misture 1 1/2 xícara (chá) de agrião picado (6 calorias) com 140g de camarão descascado cozido (139 calorias), 1/2 abacate pequeno sem caroço descascado e cortado em cubos (137 calorias), 3 colheres (sopa) de cebola roxa bem picada (11 calorias) e 1 colher (sopa) de alcaparras em conserva lavadas e escorridas (2 calorias). Regue com vinagre de vinho branco e misture bem.

1 tangerina pequena (25 calorias)

Total do dia: 599 calorias

Dia 7

Café da manhã (261 calorias)

PRESUNTO COM OVOS (261 calorias)

Bata 2 ovos pequenos (180 calorias) com 1 colher (sopa) de leite desnatado (5 calorias). Mexa em uma frigideira antiaderente e cozinhe até o ponto desejado. Sirva com 70g de presunto sem gordura (76 calorias).

Jantar (333 calorias)

DAL CONDIMENTADO (213 calorias)

Frite numa caçarola 1 cebola pequena cortada em fatias finas (22 calorias), 1 dente de alho amassado (3 calorias) e 1 colher (chá) de gengibre picadinho (2 calorias) em 1 colher (chá) de azeite de oliva (27 calorias) por 5 minutos, até a cebola ficar translúcida. Acrescente 1 xícara (chá) de água, 1/4 de xícara (chá) de lentilhas selecionadas e lavadas (159 calorias) e uma pitada de cominho em pó, uma de coentro em pó, uma de açafrão em pó, uma de pimenta-de-caiena, uma de sal e uma de pimenta-do-reino. Espere levantar fervura, reduza o fogo e cozinhe por 20 minutos ou até as lentilhas ficarem macias.

Guarneça com 1/3 de xícara (chá) de iogurte natural light (40 calorias) e sirva com 2 biscoitos de água ou 1 fatia de minipão árabe torrado (80 calorias).

Total do dia: 594 calorias

Dia 8

Café da manhã (331 calorias)

2 ovos pequenos pouco cozidos (180 calorias)

5 aspargos cozidos no vapor (33 calorias), para mergulhar nos ovos

1 fatia de torrada integral (78 calorias)

2 ameixas pequenas (40 calorias)

Jantar (260 calorias)

SALADA COM CARNE À MODA TAILANDESA (260 calorias)

Grelhe um bife de filé mignon de 140g (188 calorias) até o ponto de sua preferência. Reserve e deixe esfriar à temperatura ambiente. Corte o filé em fatias bem finas, no sentido contrário ao das fibras.

Em uma tigela, misture 2 xícaras de alface-romana picada (16 calorias) e 1 xícara de couve picada (24 calorias). Em outra tigela, misture o sumo de 1 limão pequeno (2 calorias), 1 colher (chá) de açúcar (16 calorias), 1 dente de alho amassado (3 calorias), 1 pimenta chili vermelha bem pequena sem semente e bem picada (1 caloria) e 1 colher (sopa) de molho de peixe tailandês (10 calorias). Despeje sobre a salada e mexa para incorporar bem.

Coloque a salada em um prato e disponha por cima as fatias de filé.

Total do dia: 591 calorias

Dia 9

Café da manhã (199 calorias)

170g de salmão defumado (198 calorias)

1/2 limão pequeno cortado em quatro (1 caloria)

Jantar (396 calorias)

130g de lombo de porco magro assado (302 calorias)

1 colher (sopa) de caldo de carne pronto, sem a gordura (60 calorias)

1/2 xícara (chá) de couve-flor cozida no vapor (17 calorias)

1/3 xícara (chá) de brócolis cozido no vapor picado (17 calorias)

Total do dia: 595 calorias

Dia 10

Café da manhã (205 calorias)

1/2 xícara de iogurte natural light (62 calorias)

1 banana pequena fatiada (95 calorias)

2 colheres (sopa) de müsli sem açúcar, *não* de granola (48 calorias)

Jantar (386 calorias)

SOPA DE FEIJÃO-MANTEIGA COM BACON (386 calorias)

Frite 2 fatias de bacon picadas (116 calorias) em 1 colher (sopa) de azeite de oliva (27 calorias) por 2 minutos, até começar a soltar a gordura. Acrescente 1/2 cebola pequena bem picada (11 calorias), 3 colheres (sopa) de alho-poró picado (11 calorias), 1/2 cenoura sem casca e cortada em fatias finas (14 calorias) e 1 talo de aipo picado (1 caloria). Cozinhe por 5 minutos, até a cebola ficar translúcida, acrescentando um pouco de água se grudar na panela. Adicione 400g de feijão-manteiga ou de feijão-fradinho cozido (206 calorias) e 1 xícara do caldo do cozimento. Espere levantar fervura, reduza o fogo e cozinhe por 20 minutos, até os grãos ficarem bem macios. Tempere a gosto.

Transfira a mistura para o liquidificador e bata até obter a consistência desejada, ou amasse com um espremedor de batatas, se quiser uma textura mais espessa.

Total do dia: 591 calorias

Testemunhos

Caro Dr. Mosley,

Meu companheiro e eu concordamos que sua abordagem fazia todo o sentido e estamos seguindo a Dieta dos 2 Dias desde que o seu programa foi ao ar, no início do mês. Até agora, emagrecemos 1,5 quilo cada um, embora não estivéssemos acima do peso, e ainda introduzimos algumas porções de ensopado e bolo nos dias livres. Definitivamente, pretendemos dar continuidade ao jejum de alguma forma.

Como sou asmática e estou com mais de 40 anos, tenho grande interesse pelos supostos efeitos do JI sobre inflamações, e sobre todas as outras maravilhosas formas de proteção antienvelhecimento. Também tenho um pouco de dor crônica na perna por causa de uma lesão provocada por corrida e estou ansiosa para ver se isso estimulará o restabelecimento de músculos e nervos nos próximos meses. Em suma, espero que meu corpo tente se curar melhor.

Obrigada mais uma vez por nos transmitir toda essa ciência.

Alison Rae

Olá,

Faço JI há 14 semanas. Perdi quase 4,5 quilos e 24 centímetros no somatório de medidas corporais. Nunca consegui pesar menos do que 63,5 quilos ao seguir uma dieta antes.

Peso inicial: 66kg

Peso atual: 61,9kg

Altura: 1,67m

Perda em centímetros:

Busto: 3cm

Diafragma: 1,3cm

Cintura: 4,5cm

Abdômen: 6,3cm

Quadril: 6,3cm

Coxa:1,3cm cada perna

Meu colesterol permanece o mesmo desde o último exame feito há um ano: 190. Minha glicemia também não se alterou: 85.

Outras melhoras além da perda de peso:

Olhos mais brilhantes

Mais energia

Sono melhor

Maior clareza mental (embora isso não tenha sido testado, sinto que consigo me lembrar das coisas com mais facilidade)

Sinto-me saudável

Espero que meu feedback seja útil.

Um abraço,

Sarah Humphries

Olá, Dr. Mosley,

Terminei ontem o segundo dia de jejum da semana 13 e, como prometi, segue um breve relato do processo de 13 semanas / 3 meses / 1 trimestre inteiro de jejum intermitente.

Tenho seguido a orientação de consumir apenas 600 calorias em dois dias não consecutivos da semana. Fora os dois dias por semana, nada muda. Durante o restante do tempo, eu como e bebo o que bem entendo. Não é necessário praticar exercícios, nem contar calorias diariamente, não se sente fome o dia inteiro e, o melhor de tudo, não se morre de inanição. Hoje à noite é a vez da comida indiana, amanhã será o dia de churrascaria e domingo teremos comida italiana. Podemos tomar bebidas alcoólicas toda noite. Não me parece ser um regime muito difícil. É justo dizer que meu consumo geral de calorias (sem contar os dias de jejum) diminuiu, não por evitar comer nos dias livres, mas porque não sinto mais tanta fome.

Nas últimas 13 semanas, adaptei o regime ao meu ritmo e estabeleci uma rotina de jejum às segundas e quintas-feiras. Não consumo nada além de 3 ou 4 xícaras de chá ou café (com bem pouco leite) e cerca de 1 a 1,5 litro de água. Chego em casa e percorro 16 quilômetros na bicicleta ergométrica. Ontem à noite, fiz isso em 30 minutos. Para todos os efeitos, é uma média de 32 quilômetros por hora. Grosso modo, é uma queima de cerca de 550 calorias. Ao fazer isso antes de comer em um dia de jejum, a teoria (acredito) é que você estará forçando o corpo a queimar gordura corporal, em vez de os carboidratos que em geral seriam utilizados para um breve gasto de energia.

Quanto à fome, está tudo bem. Como tarde antes de um dia de jejum e isso ajuda. Acredito que até tomar um café da manhã muito leve nos incentive a sentir fome durante o restante do dia, portanto evito consumir qualquer coisa até tarde, quando terei direito a cerca de 450 calorias – 240 calorias de arroz e o restante em legumes e verduras. É simples de administrar – você não fica com mais fome durante o dia e é fácil distrair a mente fazendo alguma coisa. No entanto, é necessário abordar o dia de jejum com a mentalidade certa. Caso contrário, você vai passar por maus bocados. Faça do jeito certo, e vai ser moleza.

Quando comecei o regime, em meados de agosto, pesava 89 quilos e usava o primeiro furo do meu cinto (sei que isso não é muito científico e gostaria de ter feito mais medições quando comecei).

Hoje de manhã, a balança marcava 80 quilos e o quarto furo do meu cinto está bem confortável (o terceiro está um pouco folgado). Um furo significa pouco mais de 2,5 centímetros. Sem fazer exercícios, o objetivo seria emagrecer meio quilo por semana (já que uma limitação de 4.000 calorias semanais corresponde a aproximadamente meio quilo de gordura corporal a menos). Com 1 hora de exercício por semana, acelerei o processo em quase 50% e perdi 9 quilos no mesmo período.

Pretendo continuar assim até o Natal, quando espero passar para um regime 5:1+1 (o +1 sendo um dia de 800 ou 900 calorias). Se isso funcionar, vou manter a dieta para o resto da vida.

Saí para pedalar no domingo passado depois de tomar um café da manhã completo e foi incrivelmente fácil. Acredito que essa seja a vantagem de estar mais magro e com um corpo bem alimentado: MUITA energia.

Outras vantagens: eu sofria de asma desde a infância. Na idade adulta, as crises já não eram mais tão fortes quanto na infância, mas hoje elas praticamente desapareceram. A leitura do medidor de fluxo respiratório subiu mais de 30% durante as 13 semanas – é provável que tenha sido resultado da perda de peso, o que me permitiu fazer mais exercícios.

Eu sofria de asma desde a infância. Na idade adulta, as crises já não eram mais tão fortes quanto na infância, mas hoje elas praticamente desapareceram.

Sei que é um comentário um pouco feminino, mas eu diria que minha pele melhorou muito. Não tenho mais espinhas, nem cravos – e até a pele dos meus cotovelos não está mais ressecada.

Tudo de bom,

David Norvell

Olá, Michael,

Meu marido e eu assistimos ao seu programa e achamos muito interessante, por isso decidimos começar a Dieta dos 2 Dias na segunda-feira seguinte. Eu já havia feito alguns jejuns à base de líquidos no passado, durante semanas, e havia gostado bastante. Porém, depois descobria que ganhava de volta todo o peso que tinha perdido. Essa sua abordagem parece funcionar melhor.

Altura: 1,63m

Peso: 83kg

Não sou tão GORDA assim, mas preciso emagrecer, sobretudo perder gordura na região da barriga – justamente o lugar onde não é bom engordar. Meu objetivo é chegar a um peso entre 65 e 70 quilos. Mas, na minha idade, não é tão fácil emagrecer como costumava ser quando eu era mais jovem.

6 de agosto: 83kg (comecei o jejum)

8 de agosto: 81,5kg

9 de agosto: 80kg

14 de agosto: 80kg

18 de agosto: 79,5kg

23 de agosto: 79,5kg

27 de agosto: 79kg

6 de setembro: 79kg

13 de setembro: 78kg

21 de setembro: 78,5kg

Nós dois adoramos o jejum intermitente. Como você pode ver, emagreci um pouco e só não emagreci mais rápido porque não tenho praticado tantos exercícios quanto pretendia. Certamente vamos prosseguir com a dieta e vou continuar me pesando para verificar o progresso.

Descobrimos ainda que a dieta nos leva a querer comer menos nos outros dias também. Fazemos nossos dois dias de jejum às terças e quartas. Quando chega a manhã de quinta-feira, eu me sinto tão leve e cheia de energia que não quero estragar isso comendo demais, mesmo que seja meu dia livre.

Realizamos nossa principal refeição de jejum à noite, pois é o momento em que nos encontramos em casa depois do trabalho, relaxamos e conversamos durante o jantar. Provavelmente isso não é recomendável do ponto de vista da queima de calorias, mas é mais prático para nós e nos convém.

Uma refeição típica do dia de jejum:

Espiga de milho de entrada

Filé de salmão temperado com alho, limão, ervas, sal e pimenta-do-reino, e uma quantidade mínima de azeite OU uma omelete preparada com dois ovos e cebola, alho, salsa e cogumelos picados

Salada: folhas variadas, tomate, cebola roxa, ervas, talvez beterraba

Bebida: água

Durante o dia, comemos uma banana e uma maçã.

Sou muito grata por você ter criado esse programa, e o indiquei a vários amigos e parentes.

Atenciosamente,

Britt Warg

Sou estudante de neurofisiologia e farmacologia e estou fazendo pesquisas sobre a doença de Parkinson. Não estou aqui para dar conselhos médicos nem tentando dizer às pessoas como devem jejuar, fazer dieta ou o que quer que seja. Inspirada pelo seu programa de TV, decidi ser minha própria cobaia, digamos assim. Essa ideia se desenvolveu e se tornou um projeto que será realizado na minha universidade, com método científico, etc. Estou interessada em dados, doenças neurodegenerativas e quaisquer medidas que eu possa adotar no meu próprio estilo de vida que diminuam minhas probabilidades de ter câncer de mama.

Tive câncer de mama duas vezes, portanto, estou interessada nos impactos (se houver) que o estilo de vida envolvendo o jejum pode ter na recidiva do câncer.

Do meu blog, *Schrokit's Corner*:

Não é uma dieta

Até agora, foram 7 semanas no esquema de 5:2 (ou 2:5, como gosto de chamar, pois minhas semanas começam com os dias de jejum e depois tenho 5 dias para comer) e continuo firme e forte. Perdi pouco mais de 6 quilos e meu marido não ficou muito atrás.

Como a diferença na minha aparência e o "resultado" são muito visíveis (embora continuem me perguntando se mudei meu cabelo, mudei de óculos, etc.; as pessoas parecem não reparar na perda de peso, mas tenho recebido muitos elogios), quando converso com as pessoas sobre o jejum, elas parecem muito dispostas a experimentar. De fato, muitos dos colegas do meu marido seguem essa dieta e reconhecem que ela os esclareceu muito com relação aos próprios hábitos alimentares.

Mas isso não é uma dieta. A melhor descrição que ouvi até agora é a de Gordon, comentarista de blog: "É uma *estratégia*."

Além de ter uma alimentação saudável e equilibrada, independentemente do que todos os livros de dieta da moda digam, o controle do peso na realidade tem a ver com a quantidade total de calorias que você ingere a longo prazo. Já mencionei isso antes, mas, se tem

> Tenho recebido muitos elogios.

uma coisa que o jejum realmente faz é ajudar a ter contato com o verdadeiro apetite. Você aprende a diferenciar fome de tédio, de cansaço, de gula e, acima de tudo, de sede. Isso fica mais óbvio depois de fazer jejum durante alguns dias.

Nicole Slavin

Para mim, o jejum – 600 calorias duas vezes por semana – mudou minha atitude com relação a comidas e bebidas. Rompeu um ciclo de excessos que fizeram meu peso aumentar gradualmente durante 30 anos. Somos criaturas de hábitos e, se não percebermos isso, cairemos em padrões comportamentais difíceis de mudar. Mas agora algo profundo aconteceu: eu percebo as coisas de maneira mais clara e há algo nesse novo estado de espírito que me faz lembrar como eu me sentia nos meus 20 anos, quando meu IMC era em torno de 22. Não fico bem se comer demais, e me sinto mais controlado. O hábito está mudando. Imagino que continuarei essa dieta pelo resto da vida.

David Cleevely

A Dieta dos 2 Dias parece ser uma maneira maravilhosa de otimizar nosso bem-estar e nossa longevidade, além de ser uma excelente maneira de emagrecer. Como você diz, é muito mais do que "apenas uma dieta", é um estilo de vida, e, o mais importante, algo que pode ser seguido de maneira relativamente fácil. Muitos pacientes meus se saíram bem ao começar a dieta e a acham maravilhosa. Eu também a incorporei ao meu cotidiano, assim como dois colegas que são clínicos e outros membros da equipe. Parabéns pelo programa capaz de mudar vidas.

Dr. Pete Bridgwood

Muitos pacientes meus se saíram bem ao começar a dieta e a acham maravilhosa.

Caro Michael,

Assisti ao seu programa de TV e isso despertou meu interesse. Minha família e eu decidimos experimentar a dieta que você sugeriu. Sou clínico geral, estou na casa dos 50 anos e trabalho no norte de Londres. Meu IMC era 29, mas sou saudável, ainda que pratique pouco exercício. No começo, fiquei um pouco cético, mas consegui perder 6 quilos em 6 semanas e constatei que a dieta é muito simples e fácil de seguir. Não vejo motivo para não continuar assim por muitos anos. Apresentei um resumo do seu programa a alguns colegas e comecei a recomendá-lo para alguns pacientes, que tiveram resultados surpreendentes.

Um paciente específico, com síndrome metabólica e histórico familiar de diabetes tipo 2, tinha glicemia em jejum de 130. Após apenas algumas semanas, sua glicose baixou para 106 e ele perdeu 5 quilos. Eu gostaria de difundir ainda mais esse assunto e gostaria de saber se você teria planos de fazer um folheto simples ou algum site que eu pudesse indicar a meus pacientes. É difícil explicar a dieta no pouco tempo que tenho ao fim das minhas consultas. Acredito que esse tipo de plano alimentar seja muito mais capaz de controlar a epidemia de obesidade do que os planos atuais que pedem destaque para o conteúdo de gorduras e açúcar na embalagem dos alimentos. Na minha opinião, seria muito mais útil enfatizar a quantidade de calorias nos alimentos.

Dr. Jon Brewerton

Caro Dr. Mosley,

Assisti ao seu programa quando passou na televisão no começo de agosto. Fez muito sentido para mim, e acabei convencendo meu marido a assistir a ele também. Desde então temos seguido a rotina de jejuns (500 calorias para mim e 600 para ele) na maioria das semanas, mas não sempre, porque às vezes só conseguimos jejuar uma vez por semana. Nossa principal motivação é a de que geneticamente nós "poderíamos" viver muito mais. Queremos que nossa vida seja o mais saudável possível.

Até agora, ambos emagrecemos (eu perdi 7 quilos e ele, 5,5 quilos) e consideramos os dias de jejum bastante fáceis. Ambos percebemos que não comemos em excesso nos outros dias. De fato, ontem comprei um tablete de chocolate pela primeira vez depois de meses, comi apenas um pedaço e guardei o restante na bolsa para outra hora – algo inédito para mim, que lutei com um apetite bem respeitável e tive um IMC nada saudável durante boa parte da vida. Não medimos nossos níveis de IGF-1, mas ambos tomamos medicação para hipertensão e meu marido toma remédio para colesterol alto. Esperamos ver uma melhora desses problemas na próxima ida ao médico.

De fato, acredito que essa maneira de encarar a alimentação seja muito mais fácil do que qualquer "dieta" que já tenha feito. Posso facilmente mudar os dias de jejum de acordo com nossos compromissos sociais.

Um abraço,

Maureen Johnston

Atualização recebida em um e-mail posterior:

Só para atualizá-lo: perdi 9 quilos e continuo achando fácil a maneira de lidar com a comida. Nos nossos dias de jejum, em geral consumimos ovos ou mingau de aveia no café da manhã e, no começo da noite, saboreamos uma salada bem colorida durante o verão, ou uma sopa de legumes no inverno. Meu marido costuma comer uma fatia de pão por ter direito a 100 calorias a mais. Mantivemos esses hábitos alimentares desde que assistimos ao programa e esperamos continuar assim (provavelmente com uma interrupção no Natal).

Olá, Michael,

Faço a dieta do jejum intermitente há uns 3 meses e escrevi um post sobre isso no meu blog, *Helena's London Life*.

Quando eu era mais nova e morava em Helsinque, fiz algumas sessões completas de jejum com meu pai. Esse jejum durava cinco dias e só podíamos tomar sucos de frutas no primeiro e no último dia. Sendo assim, eu acreditava que sabia no que estava me metendo.

Mas essa dieta, que basicamente significa que você come *menos* em dois dias da semana, é muito mais fácil. Você pode consumir 500 calorias (600 para os homens), o que não é ruim se você parar para pensar. E, ao contrário dos jejuns que eu fazia, nesse é permitido tomar café! (Café é a única coisa da qual não consigo abrir mão hoje em dia.)

Faço o jejum há três meses e perdi 5 quilos. Eu me sinto muito melhor, não só por haver emagrecido, mas também porque parece que tenho mais energia e controle sobre o que consumo. Depois do choque inicial para o organismo, seu estômago se contrai e você passa a sentir menos fome, e fica mais consciente de quanto consome em qualquer dia, tanto em um dos dois dias de jejum quanto em um dos cinco dias livres.

Eu me sinto muito melhor, não só por haver emagrecido, mas também porque parece que tenho mais energia e controle sobre o que consumo.

Sendo assim, seguem minhas cinco dicas para ter sucesso nessa dieta.

1. Não jejue em dias consecutivos – é muito difícil e o segundo dia é muito penoso. E não jejue nos fins de semana – já tentamos fazer isso em uma sexta-feira e quase nos matamos.
2. Mantenha-se ocupado – quanto mais você pensar em alguma outra coisa que não seja comida, mais fácil será. Eu trabalho em casa metade da semana, por isso tento jejuar quando estou no escritório. E não assista a programas culinários em dias de jejum. É uma tortura...
3. Descubra um aplicativo de celular que possa ajudá-lo. Eu uso o MyFitnessPal, que é uma ferramenta simples para contar as calorias. E, de fato, você só vai precisar fazer isso; aliás, qualquer outro meio para contar calorias (como um bloco de anotações) servirá perfeitamente bem. Mas, para aqueles que, como eu, adoram aplicativos, esse também grava os alimentos que você consumiu, os exercícios que pratica e o peso que está perdendo (além de

prever o que você perderia em cinco semanas se cada dia fosse como o que acabou de gravar).

4. Não seja muito exigente consigo mesmo. Deixei de jejuar durante os últimos três meses. Não há necessidade de jogar a toalha se você fizer isso. Sempre haverá amanhã, ou a semana que vem.
5. Não embarque nessa sozinho. Fazer jejum com alguém é muito mais fácil. Em algumas semanas, por conta de nossos compromissos, meu marido e eu tivemos que jejuar em dias diferentes, e isso não funciona.

Como podem ver, minhas experiências foram positivas. O que não mencionei no meu blog é que meu marido tem colesterol alto, um problema hereditário, e esse foi o principal motivo de termos começado essa dieta. Ele não precisava perder mais do que cerca de 11 quilos, portanto, agora ele aumenta o consumo de calorias (de maneira saudável, com vitaminas de frutas feitas em casa) durante os outros cinco dias.

Atenciosamente,

Helena Halme

Caro Dr. Mosley,

Estou na segunda semana da minha Dieta dos 2 Dias e já consigo perceber o efeito positivo em meu peso. Na segunda vez que me pesei, eu já havia perdido 2,5 quilos. Sinto-me visivelmente mais magro e feliz, e vou manter a dieta por um bom tempo.

Estatísticas: homem, 1,77m

Peso inicial: 86,5kg

1ª semana: 85kg

2ª semana: 84kg

Gostei muito do programa!

Nick Wilson

Como mãe de três filhos, sempre correndo de um lado para outro, senti muita dificuldade de emagrecer depois que meu filho mais novo nasceu. Não ajudava o fato de estar constantemente rodeada por alimentos e petiscos, preparando 3, às vezes 4 refeições para a família. Eu gosto de comer e de socializar, por isso as dietas restritivas pareciam uma tarefa monótona e uma batalha de força de vontade todos os dias, então nunca demorava muito até eu voltar à estaca zero.

A Dieta dos 2 Dias, para mim, é uma maneira mais gerenciável de perder peso, tanto no sentido físico quanto no sentido emocional, já que são apenas dois dias por semana nos restringindo a 500 calorias. Também se ajusta muito bem à minha vida social, já que os dias de jejum podem ser flexíveis e, sendo assim, sempre é dia de festa quando saio para beber ou comer.

Continuo comendo doces nos dias livres, e mesmo assim tenho emagrecido. Funciona!

Na verdade, não é tão difícil resistir à tentação por um dia, pois sei que no dia seguinte poderei comer bolo ou tomar algumas taças de vinho, se quiser; e, quando quero, desfruto do momento ainda mais, sem me sentir culpada. Continuo comendo doces nos dias livres, e mesmo assim tenho emagrecido. Funciona!

Clare Wilson

Tabela de valores calóricos

Todos os valores aqui se referem a produtos crus, exceto quando expresso em contrário.

ALIMENTO	PORÇÃO*	CALORIAS POR PORÇÃO
LEGUMES E VERDURAS		
Abacate	100g	193
Abóbora-menina	100g	40
Abobrinha	100g	18
Acelga	100g	19
Agrião	100g	26
Aipo	100g	8
Alcachofra	100g	24
Alface "frisê"	100g	18

* 100ml equivalem aproximadamente a 6 colheres de sopa mais 2 colheres de chá.

ALIMENTO	PORÇÃO*	CALORIAS POR PORÇÃO
Alface crespa	100g	14
Alface lisa	100g	15
Alface romana	100g	16
Alho	1g	1
Alho-poró	100g	23
Aspargos	100g	27
Batata-doce	100g	93
Batata-inglesa, cozida	100g	79
Berinjela	100g	18
Beterraba, sem casca	100g	38
Brócolis	100g	32
Broto de feijão	100g	32
Cebola	100g	38
Cenoura	100g	34
Champignons	100g	16
Chicória	100g	19
Cogumelos *portobello*	100g	13
Cogumelos shiitake	100g	27
Couve	100g	33
Couve-de-bruxelas	100g	43
Couve-flor	100g	35
Edamame, sem a casca	100g	117
Endívia	100g	17
Erva-doce	100g	14
Ervilha, grãos	100g	86
Espinafre	100g	25
Espirulina em pó	100g	374
Grão-de-bico, escorrido	100g	320
Lentilha	100g	319
Milho verde, grãos	100g	115

ALIMENTO	PORÇÃO*	CALORIAS POR PORÇÃO
Mostarda (folha)	100g	26
Nabo	100g	24
Pepino	100g	10
Pimentão, qualquer cor	100g	30
Rabanete	100g	13
Radicchio	100g	19
Repolho chinês	100g	15
Repolho, verde ou roxo	100g	29
Rúcula	100g	24
Salsão	100g	17
Tomate	100g	20
Tomate seco, sem azeite	100g	256
Vagem	100g	25
FRUTAS		
Abacaxi em calda	100g	50
Abacaxi fresco	100g	43
Açaí em pó	1g	5
Ameixa fresca	100g	39
Ameixa seca	100g	151
Ameixa-seca em calda	100g	90
Amora-preta	100g	26
Banana	100g	103
Cereja	100g	52
Chips de banana desidratada	100g	523
Cranberry	100g	42
Damasco fresco	100g	32
Damasco seco	100g	196
Figo fresco	100g	74
Figo seco	100g	229
Framboesa	100g	30

ALIMENTO	PORÇÃO*	CALORIAS POR PORÇÃO
Goji berry	100g	313
Grapefruit (toranja)	100g	30
Kiwi	100g	55
Laranja, descascada	100g	40
Limão	100g	12
Limão-siciliano	100g	20
Maçã	100g	51
Maçã desidratada	100g	310
Mamão *papaya*	100g	40
Melancia, sem a casca	100g	33
Melão, sem a casca	100g	29
Mirtilo	100g	60
Morango	100g	28
Nectarina	100g	44
Pera em calda	100g	37
Pera fresca	100g	41
Pêssego em calda	100g	50
Pêssego fresco	100g	37
Romã	100g	55
Tâmaras desidratadas, sem caroço	100g	303
Tangerina poncã sem casca	100g	35
Tangerina sem casca	100g	39
Uva-passa	100g	292
Uva-verde sem caroço	100g	66
GRÃOS E PRODUTOS DERIVADOS DE GRÃOS**		
All Bran®	100g	334
Amaranto	100g	368
Amido de milho	100g	378

** Os grãos e massas são crus, exceto quando mencionado em contrário; cereais e farinhas são secos.

ALIMENTO	PORÇÃO*	CALORIAS POR PORÇÃO
Arroz *arborio*	100g	354
Arroz basmati	100g	353
Arroz branco (grão curto)	100g	351
Arroz branco (grão longo)	100g	355
Arroz de jasmim	100g	352
Arroz integral	100g	340
Arroz parboilizado	100g	344
Arroz selvagem	100g	353
Aveia integral	100g	363
Aveia para mingau instantâneo	100g	380
Baguete	100g	242
Biscoitos de aveia	100g	440
Cevada	100g	364
Ciabatta	100g	269
Croissant sem recheio	100g	414
Cuscuz marroquino instantâneo	100g	358
Espelta	100g	314
Farinha de arroz	100g	364
Farinha de centeio	100g	331
Farinha de milho	100g	364
Farinha de trigo	100g	361
Farinha integral	100g	336
Granola	100g	432
Grissini	100g	408
Macarrão de arroz	100g	373
Macarrão de farinha branca	100g	370
Macarrão de farinha integral	100g	326
Macarrão instantâneo	100g	450
Macarrão para udon (macarrão japonês)	100g	352
Massa de trigo-sarraceno (soba)	100g	363

ALIMENTO	PORÇÃO*	CALORIAS POR PORÇÃO
Milho painço (milhete)	100g	354
Müsli sem açúcar	100g	353
Panqueca, sem calda	100g	208
Pão árabe	100g	265
Pão árabe integral	100g	250
Pão ázimo	100g	381
Pão de centeio	100g	242
Pão de espelta	100g	241
Pão de milho	100g	311
Pão integral	100g	260
Pão sem glúten	100g	282
Quinoa	100g	375
Tortilha de milho	100g	235
Tortilha de trigo	100g	307
Trigo em grãos	100g	326
Trigo para quibe	100g	334
Trigo-sarraceno	100g	343
Triticale	100g	338
FONTES DE PROTEÍNA		
Abóbora, sementes, sem casca	100g	590
Amêndoas	100g	613
Amendoim, sem casca e sem sal	100g	561
Atum em lata (conservado em água)	100g	108
Atum fresco	100g	137
Avelã	100g	660
Bacalhau, filé	100g	80
Bacon comum, cozido	100g	441
Bacon de lombinho	100g	128
Bife de vitela	100g	101
Camarão descascado	100g	69

ALIMENTO	PORÇÃO*	CALORIAS POR PORÇÃO
Carne bovina ensopada	100g	121
Carne bovina moída (magra)	100g	184
Carne bovina, bife (sem gordura)	100g	116
Carne bovina, hambúrguer, cozido	100g	283
Castanha de caju	100g	583
Cavala, filé	100g	204
Chia, sementes	100g	422
Clara de ovo	100g	50
Coelho, desossado	100g	137
Cordeiro, costeleta	100g	260
Cordeiro, ensopado	100g	175
Cordeiro, filé	100g	231
Cordeiro, hambúrguer, cozido	100g	267
Edamame, sem casca	100g	117
Feijão-branco	100g	360
Feijão-carioca	100g	352
Feijão-de-lima	100g	349
Feijão-de-soja	100g	395
Feijão-fradinho	100g	320
Feijão-manteiga	100g	349
Feijão-preto	100g	344
Feijão-vermelho	100g	310
Fígado de galinha	100g	122
Frango, coxa sem pele	100g	163
Frango, peito sem pele	100g	105
Gergelim	100g	616
Girassol, sementes, sem casca	100g	591
Grão-de-bico, escorrido	100g	320
Hambúrguer vegetariano	100g	137
Homus	100g	303

ALIMENTO	PORÇÃO*	CALORIAS POR PORÇÃO
Lentilha verde	100g	316
Lentilha vermelha	100g	327
Linguado, filé	100g	78
Linhaça	100g	495
Lula empanada, congelada	100g	200
Manteiga de amendoim, natural	100g	621
Mexilhão	100g	92
Missô	100g	131
Mix de nozes, sem sal	100g	661
Nozes, sem casca	100g	693
Omelete	100g	173
Ovo cozido	100g	154
Ovo frito	100g	177
Ovo mexido	100g	155
Ovo poché	100g	145
Pato, peito sem pele	100g	92
Peixe à milanesa, filé, congelado	100g	213
Peixe branco, cozido no vapor	100g	83
Peixe empanado, filé, congelado	100g	229
Peru, filé de peito, sem pele	100g	103
Pistache, sem casca	100g	584
Porco, bife (sem gordura)	100g	117
Porco, carne moída (magra)	100g	140
Porco, linguiça, cozida	100g	319
Presunto, em fatias, embalado	100g	118
Presunto, sem gordura	100g	104
Salame	100g	352
Salmão em lata (conservado em água)	100g	131
Salmão, filé	100g	215
Salsicha vegetariana	100g	114

ALIMENTO	PORÇÃO*	CALORIAS POR PORÇÃO
Sardinha em lata (conservada em água)	100g	179
Sardinha fresca	100g	165
Tahine (pasta de gergelim)	100g	658
Tempeh	100g	172
Tofu	100g	70
Vieiras	100g	83
LATICÍNIOS E SUBSTITUTOS		
Chantili	100ml	368
Cream cheese, comum	100g	245
Cream cheese, light	100g	111
Creme de leite	100ml	214
Creme de leite light	100ml	137
Crème fraîche	100ml	350
Iogurte de frutas	100g	94
Iogurte grego	100g	132
Iogurte light	100g	66
Leite de amêndoas	100ml	24
Leite de arroz	100ml	46
Leite de cabra	100ml	61
Leite de soja	100ml	42
Leite de vaca desnatado	100ml	35
Leite de vaca integral	100ml	64
Leite de vaca semidesnatado com 1% de gordura	100ml	41
Leite de vaca semidesnatado com 2% de gordura	100ml	50
Queijo azul de leite de ovelha	100g	368
Queijo cheddar, comum	100g	410
Queijo cheddar, light	100g	263

ALIMENTO	PORÇÃO*	CALORIAS POR PORÇÃO
Queijo cottage, light	100g	72
Queijo de cabra	100g	324
Queijo *feta*	100g	276
Queijo ricota de leite de ovelha	100g	134
Quejo parmesão ralado	100g	389
ERVAS E ESPECIARIAS		
Açafrão em estigmas	1g	3
Açúcar mascavo	100g	375
Açúcar refinado	100g	385
Alecrim fresco	1g	0
Baunilha (fava)	1g	3
Canela em pó	1g	3
Capim-limão fresco	1g	1
Coentro fresco	1g	0
Cominho em pó	1g	4
Cravo em pó	1g	3
Cúrcuma em pó	1g	3
Estragão fresco	1g	0
Gengibre moído	1g	1
Hortelã fresca	1g	0
Manjericão fresco	1g	0
Noz-moscada moída	1g	4
Orégano desidratado	1g	3
Páprica	1g	3
Pimenta do reino em pó	1g	3
Salsa fresca	1g	0
Sálvia desidratada	1g	3
Tomilho desidratado	1g	2

ALIMENTO	PORÇÃO*	CALORIAS POR PORÇÃO
SOPAS		
Caldo de carne	100ml	7
Caldo de frango e legumes	100g	36
Caldo de peixe, com leite	100g	53
Creme de cogumelos feito com leite desnatado	100ml	233
Missô	100g	22
Pho bo (sopa vietnamita de carne ou frango e macarrão)	100g	66
Sopa de alho-poró com batata	100g	53
Sopa de cebola	100g	45
Sopa de legumes	100g	45
Sopa de tomate com manjericão	100g	40
Sopa de tomate, preparada com água	100g	35
MOLHOS E CONDIMENTOS		
Alcaparras em conserva, escorridas	100g	32
Azeitona preta sem caroço	100g	154
Calda de caramelo	100 g	389
Calda de chocolate	100g	367
Cebola em conserva	100g	36
Chutney de tomate	100g	141
Geleia de laranja	100g	266
Geleia de morango	100g	258
Ketchup	100g	102
Maionese comum	100ml	600
Maionese light	100ml	327
Maionese sem gordura	100ml	87
Mel	100g	334
Molho balsâmico para salada, comum	100ml	209
Molho *barbecue*	100ml	353

ALIMENTO	PORÇÃO*	CALORIAS POR PORÇÃO
Molho *caesar* para salada, light	100ml	120
Molho de carne pronto	100g	45
Molho de tomate	100g	68
Molho inglês	100ml	115
Molho pesto, pronto	100g	431
Molho tártaro	100 g	358
Mostarda *dijon*	100g	160
Mostarda inglesa	100g	167
Nutella®	100g	529
Picles	100g	34
Picles, vegetais mistos, escorridos	100g	20
Pimenta *jalapeño*, em salmoura	100g	18
Shoyu (molho de soja)	100ml	105
Vinagre balsâmico	100ml	138
Vinagre de vinho branco	100ml	22
Vinagre de vinho tinto	100ml	23
Xarope de agave	100g	296
Xarope de bordo	100g	265
GORDURAS E ÓLEOS		
Azeite de oliva	100ml	823
Banha de porco	100g	899
Gordura vegetal	100g	900
Manteiga	100g	739
Margarina	100g	735
Óleo de canola	100ml	825
Óleo de girassol	100ml	828
Óleo de milho	100ml	829
Óleo de semente de linhaça	100ml	813

ALIMENTO	PORÇÃO*	CALORIAS POR PORÇÃO
BEBIDAS		
Água de coco	100ml	20
Água mineral com gás	100ml	0
Café com leite desnatado	100ml	7
Café *espresso*	100ml	0
Café preto	100ml	0
Cappuccino feito com leite desnatado	100ml	22
Cappuccino feito com leite integral	100 ml	37
Cerveja	100ml	45
Chá de ervas	100ml	0
Chá preto	100ml	0
Chá verde	100ml	0
Chai, com leite desnatado	100ml	70
Chocolate quente de baixa caloria, feito com água	100ml	19
Chocolate quente, feito com água	100ml	59
Coca-Cola®	100ml	43
Diet Coke ®	100ml	0
Espumante	100ml	76
Gim-tônica	100ml	70
Latte, com leite desnatado	100ml	29
Latte, com leite integral	100ml	54
Limonada	100ml	47
Macchiato, com leite desnatado	100ml	26
Macchiato, com leite integral	100ml	30
Milkshake de morango	100ml	67
Smoothie de morango com banana	100ml	51
Sprite®	100ml	44
Suco de laranja	100ml	42
Suco de maçã	100ml	44

ALIMENTO	PORÇÃO*	CALORIAS POR PORÇÃO
Vinho branco seco	100ml	66
Vinho tinto	100ml	68
Vodca com tônica	100ml	71
LANCHES SABOROSOS		
Amendoim torrado, com sal	100g	621
Amendoim torrado, sem sal	100g	581
Batata chips	100g	529
Batata frita feita no forno	100g	260
Biscoito cream-cracker integral	100g	310
Homus	100g	303
Mix de *nuts*, torradas, salgadas	100g	667
Palitinhos de queijo	100g	520
Pastinha de berinjela	100g	102
Pastinha de pimentão	100g	235
Pipoca de micro-ondas	100g	535
Pipoca feita sem óleo	100g	385
Pizza de queijo com tomate	100g	258
Sanduíche de atum e salada	100g	221
Sanduíche de ovo com agrião	100g	232
Sanduíche de presunto com queijo	100g	288
Sanduíche de queijo com chutney	100g	228
DOCES E SOBREMESAS		
Bala *toffee*	100g	459
Balas de hortelã	100g	395
Biscoito amanteigado	100g	523
Biscoito de aveia com passas	100g	445
Bolo de cenoura com cobertura	100g	359
Bolo de chocolate com cobertura	100g	414
Bolo de limão	100g	366

ALIMENTO	PORÇÃO*	CALORIAS POR PORÇÃO
Brownie	100g	419
Chiclete sem açúcar	1 unidade	5
Chiclete, comum	1 unidade	11
Chocolate ao leite	100g	549
Chocolate branco	100g	567
Chocolate com 70% de cacau	100g	575
Chocolate com 85% de cacau	100g	630
Chocolate com 70% de cacau	100g	540
Chocolate, meio amargo	100g	547
Coco ralado desidratado, com açúcar	100g	466
Coco ralado desidratado, sem açúcar	100g	632
Cookie de chocolate	100g	499
Croissant de chocolate	100g	433
Folhado caramelado (*baklava*)	100g	498
Marshmallow	100g	338
Mousse de chocolate	100g	174
Muffins de mirtilo	100g	387
Pão com passas e canela	100g	280
Passas cobertas com chocolate ao leite	100g	418
Pipoca doce	100g	427
Sorbet de limão	100g	118
Sorvete de creme, comum	100g	190
Tic Tac®	100g	391
Tiramisù	100g	263
Torta de maçã	100g	262

Agradecimentos

ESTE LIVRO NÃO TERIA SIDO POSSÍVEL SEM OS MUITOS cientistas que, generosamente, abriram mão de seu tempo e compartilharam conosco suas pesquisas. Entre eles estão: o Dr. Luigi Fontana, da Escola de Medicina da Universidade de Washington; o professor Mark Mattson, do Instituto Nacional sobre Envelhecimento; a Dra. Krista Varady, da Universidade de Illinois, Chicago; e o professor Valter Longo, diretor do Instituto de Longevidade da Universidade Southern California.

Meus profundos agradecimentos a Aidan Laverty, editor da série da BBC *Horizon*, que me apontou o caminho para o admirável mundo novo do jejum intermitente, à toda a equipe de produção e, em especial, a Kate Dart e Roshan Samarasinghe. Gostaria de agradecer também a Janice Hadlow, que foi corajosa o suficiente para me colocar diante das câmeras pela primeira vez e me deu a oportunidade de experimentar coisas novas.

Meus agradecimentos a Nicola Jeal, do *The Times*, pela constante criatividade e apoio.

Estendemos nossos agradecimentos também a Rebecca Nicolson, Aurea Carpenter e Emmie Francis, da Short Books, por seu esforço e compreensão imediata do potencial revolucionário do livro *A Dieta dos 2 Dias*.

Notas

Capítulo 1

1. B. M. Popkin e K. J. Duffey, "Does hunger and satiety drive eating anymore? Increasing eating occasions and decreasing time between eating occasions in the United States", *American Journal of Clinical Nutrition*, 91 (maio de 2010): 1.342–1.347.
2. M. Mattson e E. Calabrese, "When a little poison is good for you", *NewScientist*, 2668 (6 de agosto de 2008): 36–39.
3. A. J. Carlson e F. Hoelzel, "Apparent prolongation of the life span of rats by intermittent fasting", *Journal of Nutrition*, 91 (1945): 363–375.
4. E. Bergamini, G. Cavallini, A. Donati e Z. Gori, "The role of autophagy in aging: its essential part in the anti-aging mechanism of caloric restriction", *Annals of the New York Academy of Science*, 1.114 (outubro de 2007): 69–74.
5. K. A. Varady, S. Bhutani, E. C. Church e M. C. Klempel, "Short-term modified alternate-day fasting: A novel dietary strategy for weight loss and cardio-protection in obese adults", *American Journal of Clinical Nutrition*, 90, nº 5 (novembro de 2009): 1.138–1.143. M. C. Klempel, C. M. Kroeger e K. A. Varady, "Alternate-day fasting (ADF) with a high-fat diet produces similar weight loss and cardio-protec-

tion as ADF with a low-fat diet", *Metabolism*, janeiro de 2013; 62(1):137–143. <http://www.ncbi.nlm .nih.gov/pubmed/22889512>.

6. M. N. Harvie et al. Genesis Prevention Centre, University Hospital of South Manchester NHS Foundation Trust, Reino Unido. "Intermittent, Low-Carbohydrate Diets More Successful Than Standard Dieting; Possible Intervention for Breast Cancer Prevention." Apresentação realizada no CTRCAACR San Antonio Breast Cancer Symposium, dezembro de 2011.
7. M. Hatori, C. Vollmers, A. Zarrinpar, L. DiTacchio, et al., "Timerestricted feeding without reducing caloric intake prevents metabolic diseases in mice fed a high-fat diet", *Cell Metabolism*, 15, nº 6 (2012): 848–860.
8. K. I. Erickson, M. W. Voss, R. S. Prakash, C. Basak, et al., "Exercise training increases size of hippocampus and improves memory", *Proceedings of the National Academy of Science of the United States of America*, 108, nº 7 (janeiro de 2011): 3.017–3.022.
9. V. K. Halagappa, Z. Guo, M. Pearson, Y. Matsuoka, et al., "Intermittent fasting and caloric restriction ameliorate age-related behavioral deficits in the triple-transgenic mouse model of Alzheimer's disease", *Neurobiology of Disease*, 26, nº 1 (abril de 2007): 212–220.
10. Y. Shirayama, A. C. Chen, S. Nakagawa, D. S. Russell e R. S. Duman, "Brain-derived neurotrophic factor produces antidepressant effects in behavioral models of depression", *Journal of Neuroscience*, 22, nº 8 (abril de 2002): 3.251–3.261.
11. B. Li, K. Suemaru, Y. Kitamura, R. Cui, et al., "Strategy to develop a new drug for treatment-resistant depression–role of electroconvulsive stimuli and BDNF", *Yakugaku Zasshi* (*Journal of the Pharmaceutical Society of Japan*), 127, nº 4 (abril de 2007): 735–742.
12. N. Halberg, M. Henriksen, N. Soderhamn, B. Stallknecht, et al., "Effect of intermittent fasting and refeeding on insulin action in healthy men", *Journal of Applied Physiology*, 99, nº 6 (dezembro de 2005): 2.128–2.136.
13. L. Raffaghello, C. Lee, F. M. Safdie, M. Wei, et al., "Starvationdependent differential stress resistance protects normal but not cancer cells against high-dose chemotherapy", *Proceedings of the National Academy of Sciences of the United States of America*, 105, nº 24 (junho de 2008): 8.215–8.220.
14. C. Lee; L. Raffaghello, S. Brandhorst, F. M. Safdie, et al., "Fasting cycles retard growth of tumors and sensitize a range of cancer cell types to chemotherapy", *Science Translational Medicine*, 4, nº 124 (7 de março de 2012): 124–127.

15. F. M. Safdie; T. Dorff, D. Quinn, L. Fontana, et al., "Fasting and cancer treatment in humans: A case series report", *Aging*, 1, nº 12 (31 de dezembro de 2009): 988–1.007.
16. M. N. Harvie, M. Pegington, M. P. Mattson, J. Frystyk, et al., "The effects of intermittent or continuous energy restriction on weight loss and metabolic disease risk markers: a randomized trial in young overweight women", *International Journal of Obesity*, 35, nº 5 (maio de 2011): 714–727.
17. Page et al., "Waist-Height Ratio as a Predictor of Coronary Heart Disease Among Women", *Epidemiology*, 20, nº 3 (maio de 2009): 36–66.
18. J. R. Stradling and J. H. Crosby, "Predictors and prevalence of obstructive sleep apnoea and snoring in 1001 middle-aged men", *Thorax*, 46, nº 2 (fevereiro de 1991): 85–90.

Capítulo 2

1. M. N. Harvie, M. Pegington, M. P. Mattson, J. Frystyk, et al., "The effects of intermittent or continuous energy restriction on weight loss and metabolic disease risk markers: a randomized trial in young overweight women", *International Journal of Obesity*, 35, nº 5 (maio de 2011): 714–727.
2. H. J. Leidy, M. Tang, C. Armstrong, C. B. Martin e W. W. Campbell, "The effects of consuming frequent, higher protein meals on appetite and satiety during weight loss in overweight/obese men", *Obesity*, 19, nº 4 (2011):818–824. A. Astrup, "The satiating power of protein – A key to obesity prevention?" *American Journal of Clinical Nutrition*, 82, nº 1 (julho de 2005):1–2.
   T. Halton e F. Hu, "The effects of high protein diets on thermogenesis, satiety, and weight loss", *Journal of the American College of Nutrition*, 23, nº 5 (outubro de 2004): 373–385.
3. C. B. Ebbeling, J. F. Swain, H. A. Feldman, W. W. Wong, et al., "Effects of dietary composition on energy expenditure during weight-loss maintenance", *Journal of the American Medical Association*, 307, nº 24 (junho de 2012): 2.627–2.634.
4. C. E. O'Neil, D. R. Keast, T. A. Nicklas, V. L. Fulgoni III, "Nut Consumption Is Associated with Decreased Health Risk Factors for Cardiovascular Disease and Metabolic Syndrome in U.S. Adults: NHANES 1999–2004", *Journal of the American College of Nutrition*, 30, nº 6 (dezembro de 2011): 502–510. E. Ros, L. C. Tapsell, and J. Sabate, "Nuts and berries for heart health", *Current Atherosclerosis Reports*, 12, nº 6 (novembro de 2010): 397–406.

5. J. S. Vander Wal, A. Gupta, P. Khosla e N. V. Dhurandhar, "Egg breakfast enhances weight loss", *International Journal of Obesity*, 32, nº 10 (outubro de 2008): 1.545–1.551.
6. Brian Wansink, *Mindless Eating: Why We Eat More Than We Think* (Nova York: Bantam Books, 2006).
7. T. Mann, A. J. Tomiyama, E. Westling, A. Lew, et al., "Medicare's search for effective obesity treatments: diets are not the answer", *American Psychologist*, 62, nº 3 (abril de 2007): 220–233.
8. "The Myriad Benefits of Intermittent Fasting", *Mark's Daily Apple*, http://www.marksdailyapple.com/health-benefits-of-intermittent--fasting/#axzz2GqEVIcd6.
9. Dom Joly, "I've discovered how to lose weight: fast", *The Independent*, 11 de novembro de 2012, http://www.independent.co.uk/voices/comment/ive-discovered-how-to-lose-weight--fast-8303657.html.
10. K. Van Proeyen, K. Szlufcik, H. Nielens, K. Pelgrim, et al., "Training in the fasted state improves glucose tolerance during fat-rich diet", *Journal of Physiology*, 588, Pt 21 (novembro de 2010): 4.289–4.302.
11. C. K. Morewedge, Y. E. Huh e J. Vosgerau, "Thought for food: imagined consumption reduces actual consumption", *Science*, 330, nº 6.010 (dezembro de 2010): 1.530–1.533.
12. E. E. Mulvihill, J. M. Assini, J. K. Lee, E. M. Allister, et al., "Nobiletin attenuates VLDL overproduction, dyslipidemia, and atherosclerosis in mice with diet-induced insulin resistance", *Diabetes*, 60, nº 5 (maio de 2011): 1.446–1.457.
13. E. E. Mulvihill, E. M. Allister, B. G. Sutherland, D. E. Telford, et al., "Naringenin prevents dyslipidemia, apolipoprotein B overproduction, and hyperinsulinemia in LDL receptor-null mice with dietinduced insulin resistance", *Diabetes*, 58, nº 10 (2009): 2.198–2.210.
14. K. Fujioka, F. Greenway, J. Sheard e Y. Ying, "The effects of grapefruit on weight and insulin resistance: relationship to the metabolic syndrome", *Journal of Medicinal Food*, 9, nº 1 (2006): 49–54.
15. M. Waldecker, T. Kautenburger, H. Daumann, S. Veeriah, F. Will, H. Dietrich, B. L. Pool-Zobel, D. Schrenk, "Histone-deacetylase inhibition and butryrate formation: Fecal slurry incubations with apple pectin and apple juice extracts", *Nutrition*, 24, nº 4 (abril de 2008): 366–374.
16. A. V. Rao e S. Agarwal, "Role of Antioxidant Lycopene in Cancer and Heart Disease", *Journal of the American College of Nutrition*, 19, nº 5 (outubro de 2000): 563–569.

17. J. Karppi, J. A. Laukkanen, J. Sivenius, K. Ronkainen e S. Kurl, "Serum lycopene decreases the risk of stroke in men", *Neurology*, 79, nº 15 (outubro de 2012): 1.540–1.547.
18. S. Moghe, "Blueberries may inhibit development of fat cells", *press release*, Federation of American Societies for Experimental Biology, in *Science Daily*, 10 de abril de 2011.
19. T. Miron, I. Shin, G. Feigenblat, L. Weiner, et al., "A spectrophotometric assay for allicin, alliin, and alliinase: with a chromogenicthiol: reaction of 4-mercaptopyridine with thiosulfinates", *Analytical Biochemistry*, 307, nº 1 (2002): 76–83.
20. J. Flood e B. Rolls, "Eating soup will help cut calories at meals", artigo apresentado na Experimental Biology Conference em Washington, D.C., abril de 2007. Disponível em forma impressa como "Soup preloads in a variety of forms reduce meal energy intake", *Appetite*, 49, nº 3 (novembro de 2007): 626–634.
21. V. Dewanto, X. Wu, K. K. Adom e R. H. Liu, "Thermal processing enhances the nutritional value of tomatoes by increasing total antioxidant activity", *Journal of Agricultural and Food Chemistry*, 50, nº 10 (abril de 2002): 3.010–3.014.
22. C. Miglio, E. Chiavaro, A. Visconti, V. Fogliano e N. Pelligrini, "Effects of different cooking methods on nutritional and physicochemical characteristics of selected vegetables", *Journal of Agricultural and Food Chemistry*, 56, nº 1 (dezembro de 2007): 139–147.
23. C. P. Herman e D. Mack, "Restrained and unrestrained eating", *Journal of Personality*, 43, nº 4 (1975): 647–660.
24. V. Schusdziarra, M. Hausmann, C. Wittke, J. Mittermeier, et al., "Impact of breakfast on daily energy intake–an analysis of absolute versus relative breakfast calories", *Nutrition Journal*, 10 (janeiro de 2011): 5.
25. A. E. Mesas, L. M. Leon-Munoz, F. Rodriguez-Artalejo e E. Lopez-Garcia, "The effect of coffee on blood pressure and cardiovascular disease in hypertensive individuals: a systematic review and meta-analysis", *American Journal of Clinical Nutrition*, 94, nº 4 (2011): 1.113–1.126.

    S. Larsson e N. Orsini, "Coffee consumption and risk of stroke: a dose-response meta-analysis of prospective studies", *American Journal of Epidemiology*, 174, nº 9 (setembro de 2011): 993–1.001.

    A. Floegel, T. Pischon, M. M. Bergmann, B. Teucher, et al., "Coffee consumption and risk of chronic disease in the European Prospective Investigation into Cancer and Nutrition (EPIC)–German study", *American Society for Nutrition*, 95, nº 4 (abril de 2012): 901–908.

26. D. T. Kirkendall, J. B. Leiper, Z. Bartagi, J. Dvorak e Y. Zerguini, "The influence of Ramadan on physical performance measures in young Muslim footballers", *Journal of Sports Science*, 26, Suplemento 3 (dezembro de 2008): S15–27.
27. K. Van Proeyen, K. Szlufcik, H. Nielens, M. Ramaekers e P. Hespel, "Beneficial metabolic adaptations due to endurance exercise training in the fasted state", *Journal of Applied Physiology*, 110, nº 1 (janeiro de 2011): 236–245.
28. M. P. Harber, A. R. Konopka, B. Jemiolo, S. W. Trappe, et al., "Muscle protein synthesis and gene expression during recovery from aerobic exercise in the fasted and fed states", *American Journal of PhysiologyRegulatory, Integrative and Comparative Physiology*, 299, nº 5 (novembro de 2010): R1.254–1.262.

29 L. Deldicque, K. De Bock, M. Maris, M. Ramaekers, et al., "Increased p7026k phosphorylation during intake of a protein-carbohydrate drink following resistance exercise in the fasted state"", *European Journal of Applied Physiology*, 108, nº 4 (março de 2010): 791–800.
Observação:
Este estudo e os três anteriores foram mencionados no site Mark's Daily Apple, http://www.marksdailyapple.com/fasting-exercise-workout-recovery/.

30. Van Proeyen et al., op. cit.
31. G. Reynolds, "Phys Ed: The Benefits of Exercising Before Breakfast", *New York Times*, blog Well, 15 de dezembro de 2010, http://well.blogs.nytimes.com/2010/12/15/phys-ed-the-benefits-of-exercising-before-breakfast/?src=me&ref=general.
32. M. A Tarnopolsky, "Gender differences in substrate metabolism during endurance exercise", *Canadian Journal of Applied Physiology*, 25, nº 4 (2000): 312–327.
33. S. R. Stannard, A. J. Buckley, J. A. Edge, M. W. Thompson, "Adaptations to skeletal muscle with endurance exercise training in the acutely fed versus overnight-fasted state", *Journal of Science and Medicine in Sport*, 13, nº 4 (julho de 2010): 465–469.
34. L. K. Heilbronn, S. R. Smith, C. K. Martin, S. D. Anton e E. Ravussin, "Alternate-day fasting in nonobese subjects: effects on body weight, body composition, and energy metabolism", *American Journal of Clinical Nutrition*, 81, nº 1 (janeiro de 2005): 69–73.

35. J. Webber e I. A. Macdonald, "The cardiovascular, metabolic and hormonal changes accompanying acute starvation in men and women", *British Journal of Nutrition*, 71, nº 3 (março de 1994): 437–447.

36. Heilbronn et al., op. cit.

37. Ibid.

CONHEÇA OS CLÁSSICOS DA EDITORA SEXTANTE

1.000 lugares para conhecer antes de morrer, de Patricia Schultz

A História – A Bíblia contada como uma só história do começo ao fim, de The Zondervan Corporation

A última grande lição, de Mitch Albom

Conversando com os espíritos e *Espíritos entre nós,* de James Van Praagh

Desvendando os segredos da linguagem corporal e *Por que os homens fazem sexo e as mulheres fazem amor?,* dc Allan e Barbara Pease

Enquanto o amor não vem, de Iyanla Vanzant

Faça o que tem de ser feito, de Bob Nelson

Fora de série – Outliers, de Malcolm Gladwell

Jesus, o maior psicólogo que já existiu, de Mark W. Baker

Mantenha o seu cérebro vivo, de Laurence Katz e Manning Rubin

Mil dias em Veneza, de Marlena de Blasi

Muitas vidas, muitos mestres, de Brian Weiss

Não tenha medo de ser chefe, de Bruce Tulgan

Nunca desista de seus sonhos e *Pais brilhantes, professores fascinantes*, de Augusto Cury

O monge e o executivo, de James C. Hunter

O poder do Agora, de Eckhart Tolle

O que toda mulher inteligente deve saber, de Steven Carter e Julia Sokol

Os segredos da mente milionária, de T. Harv Eker

Por que os homens amam as mulheres poderosas?, de Sherry Argov

Salomão, o homem mais rico que já existiu, de Steven K. Scott

Transformando suor em ouro, de Bernardinho

INFORMAÇÕES SOBRE OS PRÓXIMOS LANÇAMENTOS

Para saber mais sobre os títulos e autores da EDITORA SEXTANTE, visite o site www.sextante.com.br, curta a página facebook.com/esextante e siga @sextante no Twitter. Além de informações sobre os próximos lançamentos, você terá acesso a conteúdos exclusivos e poderá participar de promoções e sorteios.

Se quiser receber informações por e-mail, basta cadastrar-se diretamente no nosso site ou enviar uma mensagem para atendimento@esextante.com.br

www.sextante.com.br

facebook.com/esextante

twitter: @sextante

Editora Sextante
Rua Voluntários da Pátria, 45 / 1.404 – Botafogo
Rio de Janeiro – RJ – 22270-000 – Brasil
Telefone: (21) 2538-4100 – Fax: (21) 2286-9244
E-mail: atendimento@esextante.com.br